心理辅导班会方案丛书

心理班会课
是这样设计的

24堂成长课的奇迹

（小学中段篇）

孙 晶 主编

清华大学出版社
北京

图书在版编目（CIP）数据

心理班会课是这样设计的：24堂成长课的奇迹 . 小学中段篇 / 孙晶主编 . — 北京：清华大学出版社，2017（2025.6重印）

（心理辅导班会方案丛书）

ISBN 978-7-302-47065-6

Ⅰ . ①心… Ⅱ . ①孙… Ⅲ . ①心理健康－健康教育－教学研究－小学 Ⅳ . ① G444

中国版本图书馆 CIP 数据核字（2017）第 092646 号

责任编辑：宋丹青
封面设计：纸见・李林寒
责任校对：王荣静
责任印制：杨 艳

出版发行：清华大学出版社
　　　　　网　　　址：https://www.tup.com.cn，https://www.wqxuetang.com
　　　　　地　　　址：北京清华大学学研大厦 A 座　　　邮　　　编：100084
　　　　　社 总 机：010-83470000　　　　　　　　　邮　　　购：010-62786544
　　　　　投稿与读者服务：010-62776969，c-service@tup.tsinghua.edu.cn
　　　　　质量反馈：010-62772015，zhiliang@tup.tsinghua.edu.cn
印 装 者：三河市铭诚印务有限公司
经　　销：全国新华书店
开　　本：148mm×210mm　　　　　印　　张：8.25　　字　　数：245 千字
版　　次：2017 年 6 月第 1 版　　　印　　次：2025 年 6 月第 9 次印刷
定　　价：35.00 元

产品编号：074218-01

心理辅导班会方案丛书

顾　问：王延文 // 李国利

主　编：孙　晶

编　委：王艳翠 // 韦　诗 // 刘庆红

　　　　李　毓 // 赵　莹 // 郭　蕾

序

PREFACE

现代社会高速发展，社会适应能力于每一个社会成员而言均至关重要，国家的持续发展更需要心理健全的人。心理健康教育是我国大力推行的素质教育的重要内容，其根本目标是培养学生乐观向上的心理品质、促进学生人格的健全发展、充分发挥个体潜能，从而帮助学生全面均衡成长。在各级各类学校中广泛开展心理健康教育，全面培养和提高学生心理素质，是学校教育面临的新任务和新挑战，对提高广大青少年的综合素质、培养跨世纪的人才、加强精神文明建设、促进社会安定团结都具有重要的现实意义。

改革开放使我国呈现了全面迅猛的发展态势，教育领域也相应发生变革，20世纪80年代，我国开始关注学生心理健康教育。1999年，教育部成立全国中小学心理健康教育咨询委员会，同年8月印发《关于加强中小学心理健康教育的若干意见》。2002年8月，教育部颁布《中小学心理健康教育指导纲要》，指明中小学心理健康教育的发展方向。党的十七大报告第一次提出"加强和改进思想政治工作，注重人文关怀和心理疏导。"促进人的心理和谐，塑造自尊自信、积极向上的社会心态，已经成为推进社会主义和谐社会建设的重要方面。2012年年底，教育部印发《中小学心理健康教育指导纲要（2012年修订）》，为中小学心理健康教育工作提出更为具体的要求和更加科学的指导。

国务院批准成立滨海新区以来，滨海新区的教育工作面临着前所未有的发展机遇。滨海新区教育体育委员会坚持把德育工作放在首要位置，把心理健康教育作为提升德育工作针对性、实效性和科学性的突破口，"德育与心育融合"的区域发展模式逐渐形成，成为滨海新区的教育品牌项目。新区以实现全区中小学校心理健康教育的均衡发展、规范发展和提升发展为目标，创新工作机制，完善教育体系，推进学校心理健康教育普及化、科学化、制度化和全员化。新区先后建立滨海新区中小学心理健康教育指导中心，投资人力物力建设覆盖全学段的12个心理健康教育教科研基地校。加强人才引进，培养本土名师，打造高水准心理教师队伍，2016年5月，成立天津市首个心理健康教育名师工作室——"滨海新区名师工作室孙晶心理工作站"，本套丛书正是心理名师团队教科研工作的代表成果。

《纲要》明确指出："地方教育行政部门和学校要利用地方课程或学校课程科学系统地开展心理健康教育。"班主任是心理健康教育的主力军，是学生健康成长的引领者，是离学生最近的指导者。以班主任为主导的心理辅导班会课，将团体心理辅导的理念和技术引入班会课堂，既是广泛而深入地开展心理健康教育工作，又是增强德育工作实效性的最佳举措。

近年来，在天津市教委的领导下，在天津市学生心理健康教育发展中心和本领域著名专家的指导和支持下，滨海新区中小学心理健康教育工作正在蓬勃开展。本套丛书的出版是滨海新区中小学心理健康教育工作的又一重要成果，感谢各方的大力支持和编写教师的辛勤努力，希望本书可以成为提高心理班会课质量、提升中小学班主任心理健康教育能力的有效工具。

王延文

天津市滨海新区教育体育委员会党委书记、主任

　　心理健康教育是当前各级各类学校教育关注的重点，对学生健康成长、全面发展具有重要意义。学校心理健康教育的基本任务在于减少学生的心理与行为问题，培养学生健全的人格和良好的个性心理品质，提高全体学生心理素质，充分开发潜能。

　　我国自20世纪80年代开始关注心理健康教育，随着社会发展，党和国家所致力建设的和谐社会更需要社会成员的心理健康作为前提和保障，党的十七大报告第一次提出"加强和改进思想政治工作，注重人文关怀和心理疏导"。促进人的心理和谐，塑造自尊自信、积极向上的社会心态，已成为我们推进社会主义和谐社会建设的重要方面。

　　天津市滨海新区自成立起，心理健康教育就是教育系统的一项重要工作，"德育融合心理健康教育"的区域特色工程逐渐向着科学、系统、规范与实效的方向发展，目前已经成为区域推进的教育品牌。心理健康教育工作的全面展开和迅速提升有赖于一支具备心理学专业背景的骨干专职心理教师队伍，在滨海新区中小学心理健康教育指导中心的带领下，开展了大量基于实践、重视理论与实践相结合的教研和科研工作。

　　在心理健康教育工作中，以班级为单位的团体心理辅导活动课程是实现面向全体学生开展工作的最为有力的途径。心理教师师资不足是很多学校面临的问题，而且这项工作的开展单凭专兼职心理教师是无法完成的。教育部出台的《中小学心理健康教育指导纲要（2012年修订）》中也明确指出，全体教师都要树立心理健康教育意识，尊重学生，平等对待学生，注重教育方式方法，关注个别差异，根据不同学生的特点和需要开展心理健康教育和辅导。

无论从师资还是课时角度来看，拓展传统班会课，将团体心理辅导的理念和技术引入班会课堂，都是广泛而深入地开展心理健康教育工作，提升德育工作实效性的最佳举措。班主任操作融合团体心理辅导理念和方法的班会课具有许多优势，比如对学生的了解程度高、对班级的直接管理和引导权限大、与学生相处的时间和机会多等等。由于团体心理辅导有较强的专业性，班主任在课程设计与实施方面均存在知识储备的不足和操作经验的欠缺。为了推动心理健康教育课更为有效地开展，拓展和提升班主任心理健康教育的工作能力，滨海新区教体委批准，委托"滨海新区名师工作室孙晶心理工作站"完成本套丛书的编写。

"心理辅导班会方案丛书"是本年度滨海新区德育工作的重点项目。本丛书规划编辑5册：小学低段、小学中段、小学高段、初中篇和高中篇。每个学段24节心理班会课设计方案。小学学段的主题模块包括：自我认识、情绪调节、学习辅导、人际关系、生活适应、青春期教育。中学学段的主题模块包括：自我认识、情绪调节、学习辅导、人际交往、生活适应、生涯探索。根据学生的年龄发展特点和成长需要以及常见问题，将各个主题框架下的适宜内容统编到相应学段的分册中。本套班会方案设计的两个突出的创新特点是：既考虑到学生的年龄特征和共同需要，又充分关注和尊重个体差异；课程安排既遵照不同年级学生的发展水平，又涵盖个体心理成长需要关注的基本角度。

每个学段均以年级顺序安排具体辅导主题和辅导内容，辅导内容分为6个主题模块，小学每个年级12堂，每个学段24堂；中学每个年级8堂，初高中各24堂。小学中段分册的内容编排结构如下：

```
                    ┌─────────┐
                    │ 二十四堂 │
                    │ 成长课   │
                    │         │
                    │ 小学中段 │
                    └─────────┘
```

学习辅导	人际关系	自我认识	情绪调节	生活适应	生命安全
美丽的知识 （小3） 五彩计划书 （小3） 理想花筒 （小4） 记忆有妙招 （小4）	友谊星，亮晶晶 （小3） 积极合作 （小3） 感恩课堂 （小4） 做个诚信的孩子 （小4）	我是"小超人" （小3） 缤纷舞台 （小3） 红苹果，绿苹果 （小4） 快乐成长（小4）	快乐转盘 （小3） 心空会下雨 （小3） 好脾气，坏 脾气（小4） 情绪与健康 （小4）	健康小博士 （小3） 钱多多变奏曲 （小3） 逃生训练营 （小4） 选择与负责 （小4）	做自己的警卫员 （小3） 生命的春天 （小3） 男生，女生 （小4） 花儿绽放 （小4）

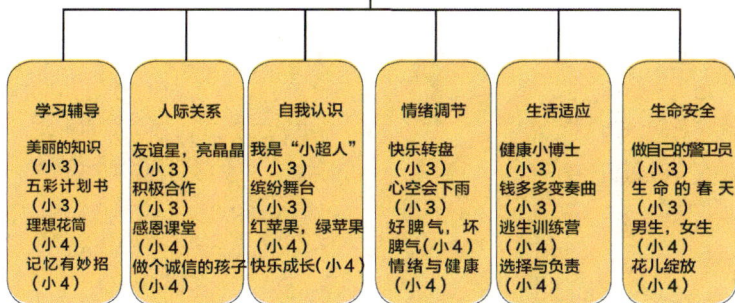

　　此外，编者基于二十年的以班级为单位的团体心理辅导课程研发的实践经验，探索出课程设计的标准化"四步结构"框架模式，每堂班会课的活动内容均包括由导入到总结延伸的四个步骤，完整明晰，易于操作。活动设计基于国内外大量的文献资料和具体实践，重视原创。关键指导语与引导要点相结合，既指导授课教师把控课堂带领的关键环节，又为授课教师预留了充分的个性化再加工空间。从精确的课前准备指导到内容丰富的活动素材库，均贯彻专业化和科学性的服务精神。在国内同类书籍中，本书的编写理念是尊重科学、充分实践的新的探索。

　　专业基础扎实和业务能力较强的编写团队是本套丛书质量的保障，本套丛书主编由具有二十年一线工作经验的专家型心理教师担任，六位编者来自小学、初中和高中各学段，均具有心理学硕士学位，理论基础扎实，实践经验丰富。希望本套丛书既可以成为推动滨海新区中小学心理健康教育工作的重要工具，也可以作为阶段成果与广大心理健康教育工作同人交流研讨。

丛书主编　孙晶

目录

CONTENTS

PART TWO　小学四年级

PART ONE

小学三年级

PSYCHOLOGICAL

DEVELOPMENT

LEARNING

一、活动目标

1. 通过"特别问好"活动，引导学生通过积极表达获得快乐情绪，导入活动课主题。

2. 通过"故事乐园"中的情绪故事，引导学生体验快乐，认识积极情绪的意义。

3. 通过"快乐转一转"活动帮助学生发现生活中的快乐瞬间，学会情绪的积极表达，增强快乐情绪的分享意识。

二、活动准备

1. 依据场地条件和班级人数分组，每组6～8人，确定组长；桌椅呈马蹄形布局，教室中间预留活动空间。

2. 印制活动记录单（见活动素材库）。

3. 书写笔、红色绘图笔每人1支。

三、活动过程

活动 1：特别问好

【辅导要点】

调动学生参与活动的积极性，营造欢乐愉悦的课堂氛围，引出活动课主题。

【活动时间】

8分钟。

（建议指导语：向他人问好是生活中很寻常的事，今天的班会课开始之前，我们先来做一个特别的问好活动，希望你认真参与，看看会不会有不一样的体验。）

【活动内容】

（1）每个人想一个自己认为很有趣的向别人问好的方式。

（2）小组内交流，确定一种最有趣的作为小组的问好方式，并进行排演，要求所有组员参加。

（3）以小组为单位表演问好的动作，问候语统一为："你好，很高兴和你一起上课！"

（4）自由分享：说说你参加活动的感受（可以请其设计的问好动作被选中的学生分享）。

（5）教师总结。

【引导要点】

（1）友好而有趣的问候能够给很多人带来快乐。

（2）问候不仅仅是一种礼貌，更是一种情绪的传递。

（3）热情、主动的问候不仅令对方愉悦也会使自己快乐。

（4）快乐流动起来，就像转盘，能够传递（引入活动课主题）。

📖 活动 2：故事乐园

【辅导要点】

通过学习"我好快乐"绘本故事，体验快乐的感觉以及快乐带来的行为反应，增强对快乐情绪的理解。

【活动时间】

15 分钟。

（建议指导语：大家对"快乐"一词非常熟悉，想一想快乐是一种什么感觉呢？什么能让我们感到快乐呢？当我们快乐的时候，我们会怎样做呢？带着这些问题，听老师给大家讲一个小故事。）

【活动内容】

（1）呈现故事。

有这样一只小兔，她非常快乐。当她快乐的时候，感觉自己好像变成了一个小小回力球，蹦蹦跳跳，能跳出开心的节奏。

当她快乐的时候，她会一直面带微笑，觉得这个世界非常美好。

她会不停地笑呀笑，笑疼了肚子，笑弯了腰，笑的感觉真是棒极了！

她很开心因为她能和朋友们一起玩；她很开心因为她能吃到奶奶烤出的香喷喷的小饼；她很开心因为她能和爸爸一起去旅行，围着篝火，一边烧烤一边说说笑笑……

她感觉快乐是如此的美妙。

（注意：如果找到绘本材料，可以引导学生通过理解和讲述绘本故事，完成辅导目标。）

（2）小组讨论。

① 能让小兔子快乐的事情是什么？

② 快乐时你会怎么样？

③ 快乐对我们有什么意义？

（3）请组长负责记录，参加班内分享（每组可以请3位同学分别介绍本组对3个问题的讨论结果）。

（4）教师总结。

【引导要点】

（1）快乐是一种很棒的感觉，它是我们成长的动力。

（2）每个人都有快乐的情绪体验，只是有的人多，有的人少。

（3）快乐是心灵的阳光，给我们带来温暖的感受；快乐是生命的能量，带来好朋友，带来更多的收获，带来健康成长。

（4）快乐情绪随处可见，只要我们主动寻找。

（5）要善于发现快乐，更要乐于分享。

📖 活动 3：快乐转一转

【辅导要点】

帮助学生发现自身的快乐情绪，促进学生对快乐情绪的表达与分享。

【活动时间】

12分钟。

（建议指导语：我们已经了解了快乐情绪对自己的成长很重要，那么如何发现自己快乐，而且自己究竟有多快乐呢？老师给同学们介绍一种有趣的工具，叫作"快乐情绪温度计"，我们使用这个工具将快乐转起来！）

【活动内容】

（1）快乐温度计。

① 快乐情绪温度计的样子。

和普通温度计原理相仿，快乐情绪温度计里的红色液体柱表示快乐情绪，且随快乐情绪体验程度的变化而变化，从0刻度升到接近100的刻度，刻度值越高，表示快乐情绪体验越强烈。

② 绘制快乐温度计。

找到活动记录单中的快乐温度计，回想最近体验到的令自己印象深刻的快乐的事，评定这些事到底使自己有多快乐，在快乐温度计中用红色部分标出自己所体验到的快乐程度，并简单注明是什么事情。

（注意：活动过程中教师要关注找不到快乐感受的孩子，进行辅助和引导；也要提醒学生对于他人的分享不要评价，要尊重每个人的内心感受。）

（2）快乐转一转。

① 小组成员依次分享自己的快乐温度计，说说开心小故事，感受快乐情绪的传递。

② 如果有几件快乐事情，分享快乐温度最高的一件。

（3）自由分享：说说与伙伴分享快乐故事的感受。

（4）教师总结。

【引导要点】

（1）快乐好像小花瓣，要学会耐心照顾和细心收藏。

（2）不同的人对相似情境和事物的感受会不同，要尊重每个人的感受。

（3）快乐感受并非越强烈越好，而是能找到的越多越好。

（4）把快乐分享给一个朋友时，很可能就会得到两份快乐。

（5）分享是美妙的感觉，也许别人的故事可以启发我们发现更多的快乐。

📖 活动 4：总结与延伸

【活动时间】
5分钟。

【活动内容】

（1）自由发言：请同学们说一说这节课让自己最开心的部分。

（2）课后延伸：请同学们创作一首关于快乐的小诗，出一期以"我的快乐你知道"为主题的原创主题板报。

四、活动素材库

1. 设计背景

快乐是积极的情绪体验，培养学生对快乐情绪体验的关注，并主动与他人分享是小学中段学生情绪辅导的重要内容。引导学生感受快乐的情绪，并恰当地将自己的快乐表达出来，加深学生对积极情绪体验与幸福生活和健康成长的紧密相关的认识。

本堂课的目标是培养学生感受和分享积极情绪的能力。生活中并不缺少快乐，而是缺少发现快乐的眼睛，培养细致敏锐的观察力，帮助孩子从细微的地方发现和感受快乐，并适当表达和主动分享，可以获得更多成长的积极能量。

2. 理论支持

（1）关于快乐。

快乐作为衡量情绪健康的重要维度，不仅有助于增强机体的免疫能力，还是人类在各种选择间进行权衡决策的重要依据。

快乐源于健康良好的自我意识，快乐的孩子往往都有一种天生的幽默感，对快乐的天生的接受力和敏感心，能让他们从最细小的地方发现和感受到好玩有趣的事情。快乐的孩子大多能够自信地面对困难，他们少有不安全感和自我犹豫与否定的情绪，因此，经常感受快乐情绪的孩子更能够获得进取的空间，能更加自由开放地享受生活。

培养快乐情绪体验有很多益处，比如可以交到更多的好朋友，建立良好的人际关系；增加实现梦想的机会，因为快乐的人有很多生活的动力与勇气，去克服困难，实现目标；更重要的是，快乐的情绪体验能够帮助人们拥有健康、有活力的身体，实现健康发展。

（2）情绪温度计。

情绪温度计是最直接地表达情绪感受强烈程度的工具，很直观。但是平时感受到的情绪，要想确认它的强烈程度其实并不容易，需要经过长期的练习，养成观察自己情绪的习惯，这需要一点一滴的积累。

情绪温度计可以用来记录和评估各种情绪，比如用快乐情绪温度计评定自己的快乐情绪，记录并分享快乐，让快乐在身边传递。

除了记录快乐情绪外，情绪温度计还可以记录悲伤、生气、害怕等多种情绪，使用方法和原理是一致的，掌握这种方法，成为自身情绪的观察员，对于情绪的觉察和控制能力的提升大有裨益。

（3）积极情绪。

积极情绪也叫正性情绪或具有正效价的情绪，英文表述为"positive"，即正性的、积极的。积极情绪包括快乐、满意、兴趣、自豪、感激和爱等。

许多研究者给积极情绪以具体的描述或定义，如罗素曾提出"积极情绪就是当事情进展顺利时，你想微笑时产生的那种好的感受"。孟昭兰认为，"积极情绪是与某种需要的满足相联系，通常伴随愉悦的主观体验，并能提高人的积极性和活动能力"。情绪的认知理论则认为，"积极情绪就是在目标实现的过程中取得进步或得到他人积极评价时所产生的感受"。

积极情绪对有机体起振奋作用，对人体的生命活动起激活作用，它能为人们的神经系统增添新的力量，能充分发挥有机体的潜能，提高脑力和体力劳动的效率和耐久力。积极情绪是保持心理健康的重要条件与标志。

3. 可替代活动

（1）快乐大转盘（可以替代活动1）。

【辅导要点】

通过体验微笑、握手等积极交往方式感受快乐情绪的传递过程，营造愉悦的氛围。

【活动内容】

① 让同学们围成2个人数相等的同心圆，内圈和外圈的同学相对而立

（如果有单数，教师参与活动）。

② 面对同学，每个人可以选择微笑、握手或拥抱三种方式中的一种：伸出1个手指高举表示微笑；伸出2个手指高举表示握手；伸出3个手指高举表示拥抱。

③ 活动开始后，举手示意，如果对方的手指数与你一样，就可以按照你们共同的选择互相微笑、握手或者拥抱；如果双方的手指数目不相等，就什么都不要做，本轮活动结束。

④ 听老师的口令，快乐转盘开始转动，每次顺时针向右移动一个位置，继续与站在你面前的新同学重复以上活动。

⑤ 自由分享：你的活动感受是什么？

⑥ 教师总结：友好地对待伙伴就会收获伙伴的友好，快乐的感觉可以传递。

（2）开心多米诺（可以替代活动3）。

【辅导要点】
发现自己的快乐情绪，并积极表达，主动分享。

【活动内容】
① 回想令自己开心的事情。

② 小组内"多米诺"分享，即依次说出自己开心的事情。

③ 如果某位同学分享的事情令自己也很开心，就送给他一张小贴纸，每个同学可以给出3张贴纸。

④ 最后看看哪个同学获得的贴纸多，请他参加班内分享。

⑤ 教师总结：发现快乐是一种能力，不但要善于发现，还要乐于分享。

4. 活动记录单

故事乐园

能让小兔子快乐的事情是什么?

快乐时你会怎么样?

快乐有什么意义呢?

快乐温度计

令我开心的事情:

第2堂

友谊星，亮晶晶

人际关系

PSYCHOLOGICAL
DEVELOPMENT
LEARNING

一、活动目的

1. 通过"小星星拍拍操"，营造友好、快乐的课堂气氛，导入课程主题。

2. 通过"友谊星天使"活动，帮助学生了解什么样的孩子会被伙伴喜欢，建立良好伙伴关系的基本方法。

3. 通过"点亮友谊星"活动，引导学生认识和调整在人际交往中的不适当做法，主动建立广泛而友好的同伴关系。

二、活动准备

1. 依据场地条件和班级人数分组，每组6~8人，确定组长；桌椅呈马蹄形布置，教室中间预留活动空间。

2. 准备歌曲《小星星》的音频文件。

3. 印制活动记录单（见活动素材库）。

4. 足量书写笔和彩色笔。

三、活动过程

【辅导要点】

活跃课堂气氛，在活动中感受到拥有伙伴的快乐，导入课程主题。

【活动时间】

8分钟。

（建议指导语：同学们，你们是否听过《小星星》这首歌呢？今天我们用这首歌来做一个活动，希望你能认真参加，体验和伙伴一起玩儿的快乐！）

【活动内容】

（1）全班学生在活动空间围成内外两个圆圈，相对而站。

（注意：出现单数时可以邀请一个孩子担任助理，掌管音乐播放或者担任活动观察员。）

（2）当音乐响起来之后，内圈学生逆时针，外圈学生顺时针，随着音乐节奏一边跟唱一边移动。

（3）移动中每个字与对面同学右手击掌一下，每句歌词的后三个字时，要站在原地不动，与对面的同学双手轻轻击掌三下，注意不能太用力，或者故意拍打他人。

（4）如此循环下去，直到歌曲结束。

（注意：可以先练习一下，再播放音乐活动，鼓励学生尽量不出错。）

（5）自由分享活动感受。

（6）教师总结。

【引导要点】

（1）肯定认真参与、遵守规则的学生，提出课程要求。

（2）与伙伴一起友好地活动很容易获得快乐的感受。

（3）星星是美好的象征，今天我们要找到的是友谊星。导入课程主题。

📖 活动 2：友谊星天使

【辅导要点】

通过"友谊星天使"活动，引导学生思考什么样的孩子会被伙伴喜欢，明确掌握建立良好伙伴关系的基本要点。

【活动时间】

15分钟。

（建议指导语：受欢迎是很棒的感觉，所以我们都喜欢自己能被别人喜欢。如果我们把最受大家喜欢的孩子叫作"友谊星天使"，你认为他（她）应该具备哪些特点呢？）

【活动内容】

（1）绘制我心中的"友谊星天使"。

以图文的形式，表达自己对具有什么特点的伙伴可以成为受大家欢迎的"友谊星天使"的看法。

（2）小组交流：我认为什么样的同学最受大家欢迎。

（3）组长负责完善本组的"友谊星天使"特点（如果班级人数不多，可以请每一个孩子都发表一下自己的看法）。

（4）教师总结出班级"友谊星天使"（最好在黑板上准备天使图案，将学生的意见集中到图中，效果会更好）。

（5）教师总结。

【引导要点】

（1）每个人喜欢的伙伴特点会有不同。

（2）每个人身上都有被别人喜欢的特点。

（3）有的特点是大家都喜欢的，这样的特点越多，就越有可能成为"友谊星天使"。

（4）乐于助人、尊重他人、善良诚实、和善友好、诚实守信、热情大方等，是"友谊星天使"的基本特征。

📖 活动 3：点亮友谊星

【辅导要点】

与"友谊星天使"的特点相比较，发现自己在与人交往过程中存在的不足，找到改进的方法，努力获得更多的友谊。

【活动时间】

12分钟。

（建议指导语："友谊星天使"身上有很多好的品质，正是因为有了这些品质，他们才能受到很多人的欢迎。如果想交到更多的朋友，我们需要怎么做呢？你要找到哪些"火源"才能点亮友谊星呢？）

【活动内容】

（1）在活动记录单的"点亮友谊星中"完成相应的任务，找到我的"火源"，即我要改进的角度和解决方案。

（2）小组交流，请找到最多"火源"的同学代表小组参加班级分享。

（3）班级分享，教师总结。

【引导要点】

（1）每个人都有不足之处，关键是看自己能不能发现。

（2）知道不足，还能主动改进，就是找到了点亮友谊星的"火源"。

（3）多从自己身上寻找不足之处，虚心、友好地与他人相处，一定会获得满天友谊星。

📖 活动 4：总结与延伸

【活动时间】

5分钟。

【活动内容】

（1）自由分享：说说自己本堂课的收获。

（2）课后延伸：课后和家长交流，什么样的孩子是他们会喜欢的，找到自己的不足，制订改进计划，并将自己的计划告诉父母或朋友，每隔一周请他们对自己的变化做一个评价。

四、活动素材库

1. 设计背景

小学是儿童学会如何与他人相处、融入集体、适应社会生活的重要时期。好的同伴关系能让学生身心愉悦、乐观豁达，更好地适应周围的环境，有勇气克服各种困难。而不好的同伴关系则会影响学生的正常交流，使其心智发展缓慢，在面对困难时缺乏解决问题的方法，变得胆怯、退缩。

在实际生活中，孩子们身上难免会存在一些不好的行为习惯，他们常常不能意识到这些习惯会影响自己与他人的关系，要通过各种途径引导学生认识影响人际关系的行为表现，改变不适当的做法，获得更多的友情。

本堂班会课针对小学中段学生设计，目的在于通过多种活动帮助学生认识到拥有良好伙伴关系的重要性，并通过思考和讨论了解受欢迎的孩子的特质，发现自身存在的问题，做到主动调整和改变，成为一个更受欢迎的人。

2. 理论支持

（1）小学生同伴关系的特点。

小学生同伴关系是一个不断发展的过程，与学生的认知发展水平相适应，也与学生的班集体生活经验密切相关。最初受到外部关系和偶然因素的影响，例如，他们会因为居住位置相近、座位相近或其他的某种联系而建立起友谊。随着年龄的增长，小学生会逐渐形成自己交往的新标准，例如他们会选择跟自己兴趣爱好、性格特点相似的人，或者受到社会或他人赞赏的人做朋友。

小学生大多喜欢与自己同性别的同学做朋友，因为同性别的伙伴之间有更多相同的兴趣爱好，更利于合作交流。在与异性朋友的交往上，女生的交往能力相对较强，多数孩子表现得比较大方、友好；而男生在交往中的表达和理解能力偏弱，活泼好动的孩子很有可能喜欢以调皮淘气的方式与女生相处。

（2）小学生同伴交往中的不良心理现象。

小学生在人际交往的过程中如果存在下述不良的心理现象，很有可能会阻碍与他人的正常交流，需要引起足够的重视。

① 怯懦。

常见于性格内向的孩子，他们面对陌生人时比较胆怯，有自己的想法却不敢表达，担心说错。往往缺乏人际交流的经验，也无法将自己的意思表达清楚。无论是在家里还是在学校，他们的话都很少，容易被集体忽视。这类孩子在小学中低年级较多。

② 自卑。

与胆怯的孩子不同，自卑的孩子性格不一定内向，他们可能因为家境、智力、长相、特长等原因受到家长、老师、同学的批评或嘲笑，导致自卑感，对自己缺乏自信心，害怕与人交往，担心自己不如别人。

③ 自负。

这样的孩子往往能说会道、才华出众、成绩优秀，深得老师的喜爱。与同学相处容易自信心爆棚，常常趾高气扬，喜欢对人发号施令，认为别人都应该听自己的。不尊重他人，不能理解他人的感受，在低年级时也许在同学中有一定的威信，但随着年级的升高，同学们会越来越不愿意与这样的孩子做朋友。

④ 反向。

具有反向心理的孩子，表面看起来经常惹是生非，总做一些别人不喜欢的事情，似乎要跟周围的所有人作对。实际上，这种孩子内心常常非常渴望与人交往、受到别人的关注，只是他们不会表达自己的想法，所以通过故意捣乱，与人争论、对立，来吸引他人的注意，但结果往往适得其反。

⑤ 倔强。

这类孩子与人交往中往往特别较真，喜欢钻牛角尖。遇到问题既不善于变通，又不愿与人妥协，容易与他人产生矛盾，最后导致朋友越来越少。在亲子关系和师生关系上，这样的孩子也容易出现问题。

⑥ 嫉妒。

随着年龄的增长，学生之间的差异越来越大，嫉妒也随之产生。嫉妒心过强的孩子对自己要求比较高，不能容忍别人比自己好。对于比自己好的同学，他们会心生敌意，可能背后说别人的坏话，或者处处与之作对，影响伙伴关系，也会令其他同学厌烦。

⑦ 功利。

随着社会的发展，成人世界里的不良心理现象也可能出现在孩子当中。太过功利的学生常常欺软怕硬，看到比自己强的、比自己好的学生就去巴结，看到比自己差的学生就瞧不起。容易见风使舵，往往没有真正要好的朋友，也会影响良好道德品质的形成。

（3）小学生交往技巧。

① 主动结交新朋友。

小学阶段应该培养学生乐于交往的品质，从他人身上能学到很多好行为、好习惯。学会主动去认识新同学，并真诚和微笑主动与人交往。

② 练习倾听和表达。

沟通当中倾听与表达是非常重要的环节。这里的倾听不仅仅要用耳朵听，还要用眼睛看，用心去感受，这样才能真正了解他人的意思。要学会清楚、简洁地表达自己的意思，同时注意文明礼貌，要尊重他人。

③ 主动感谢和赞美。

每个人都应该怀有感恩的心，对于别人的帮助要懂得感谢，这是一种美德。感谢不仅仅是语言，还可以是行动，为他人做一件小事，也是感恩的表达。看到他人身上的优点应该学会赞美，真诚、适当地赞美能让对方感到愉悦，也能为自己赢得好感。

④ 学会拒绝。

与人相处的过程中难免会出现意见不统一，对于自己不接受的事情，应该主动说出"不"，这并不是对双方关系的破坏，是让对方更明白自己的立场。在说"不"的时候要注意自己的语气，学会委婉地拒绝别人，合理的拒绝不会破坏彼此的关系。

3. 可替代活动

（1）马兰开花（可以代替活动1）。

【辅导要点】

活跃课堂气氛，引导学生体会找到伙伴的快乐感觉，导入活动课主题。

【活动内容】

① 全班学生在教室中间的空地上围成一个U形，面朝教师。

② 教师说："马兰开花，马兰开花"同学们齐声问："马兰要开几朵花？"教师任意说一个数字，相应数量的学生就要迅速组成一个小组。

③ 教师再说其他数字，反复进行几次活动。

④ 自由分享：说说迅速找到小组时的感受，以及没有找到小组时的感受。

⑤ 教师总结。

从活动体验引申至生活中被人接纳，做一个受他人欢迎的人很重要。

（2）没朋友的小兔（可以替代活动2）。

【辅导要点】

通过针对童话故事的讨论，思考和总结在与同伴交往过程中常见的不友好的态度和行为。

【活动内容】

① 讲述故事"没朋友的小兔"（可以由老师讲故事，也可以事先请一个学生准备，讲给大家听，或者找到类似内容的绘本故事）。

没朋友的小兔

青草山上住着一只长得很可爱的小兔子，小兔子长大了，想到山下找别的小动物一块儿玩。

小兔子先来到猴子家，小猴子正跳来跳去地玩耍。小兔子看到小猴子红红的屁股就嘲笑说："小猴子，你的屁股红红的，真难看啊！"小猴子听到了，生气地跑开了。

小兔子又来到小河边，刚好看到一只小乌龟翻倒在河岸边，小乌龟叫道："小兔，帮我翻个身吧。"小兔子心想："小乌龟刚从泥土里爬出来，多脏啊，我可不要把我雪白的毛弄脏了。"它就对小乌龟说："我力气小，你还是找别人吧。"小乌龟没办法，只好把头缩到壳里等别人来。

中午了，小兔子的肚子饿得咕咕直叫，正好被路过的小山羊听到了，它把一棵青菜送到小兔面前，很有礼貌地说："小兔子，我这儿有青菜，你吃点吧。"小兔子一看，这青菜来得太及时了，一把抢过来，连一句感谢的话都没说就吃了起来。小山羊悄悄地走开了。

接下来，小兔子又遇到了好多小动物，但是没有一个人愿意跟它做朋友，小兔子很奇怪，自己这么可爱，却找不到朋友，这是为什么呢？

② 小组讨论：为什么大家都不愿意跟小兔子做朋友；在伙伴相处的过程中，哪些表现是不被喜欢的。

③ 组长记录大家的意见，代表小组发言。

④ 教师总结。

不被喜欢的特点：随意嘲笑他人；自私、不愿帮助别人；没有礼貌、不知道感谢；骄傲自满，自以为是等。

要想交到朋友，首先要克服自己身上的缺点，做一个受人欢迎的人。

（3）可爱的小兔（可以替代活动3）。

【辅导要点】

通过重新编写童话故事的情节，帮助小兔改掉自己的缺点，拥有很多喜欢它的朋友，认识如何做一个受欢迎的人。

【活动内容】

① 分小组续写小兔子的故事，要求之后的情节可以帮助小兔子重新找到朋友。

② 每个小组派代表讲述之后的故事，选出完整而有创意的作品，给予肯定和奖励。

③ 自由发言：怎样做才会是一个受欢迎的孩子。

④ 教师总结（可以参考活动素材库相关内容）。

4. 活动记录单

友谊星天使

点亮友谊星

我是"小超人"

自我认识

PSYCHOLOGICAL
DEVELOPMENT
LEARNING

一、活动目的

1. 通过"你好，超人"活动热身，引导学生积极参与活动，导入课程主题。

2. 通过"变身小超人"活动，引导学生挖掘自己身上的特长和优势，认识到每个人都具备发展的潜能，建立适当的自信心。

3. 通过"超人再进化"活动，激发学生努力争取更大进步的热情，明确自我完善的新目标。

二、活动准备

1. 依据场地条件和班级人数来划分小组，6～8人一组，确定组长。

2. 设计"超人变身区"：准备一张80cm×60cm的硬纸板（也可以是其他材料或尺寸），在中间最上端写上"超人区"，并准备一盒图钉。

3. 每位同学带一张自己的生活照或者自画像。

4. 下载《超人》动画片片段（如果没有多媒体设备可以用图片）。

三、活动过程

📖 活动1：你好，超人

【辅导要点】

热身活动，激发学生探索的兴趣，引出本课主题。

【活动时间】

5分钟。

（建议指导语：同学们，刚才老师给大家播放了一个动画片，大家知道主人公是谁吗？没错，就是超人，你认识他吗？）

【活动内容】

（1）播放动画片《超人》片段（如果没有多媒体设备，可以简单地介绍一下这部动画片）。

（2）自由分享：我心目中的"超人"是什么样的人？

（3）教师总结。

【引导要点】

（1）动画片中的"超人"本领强大，很勇敢、很坚强，而且乐于助人，善良正义，不怕失败，有很多值得我们学习的地方。

（2）现实生活中的"超人"不一定就非得有超凡脱俗的大本领，只要你肯认真观察和挖掘，就会发现我们周围也有超人，也许你自己就是。

📖 活动2：变身小超人

【辅导要点】

激发学生的竞争意识和参与热情，引导学生挖掘身上的特长和优势，建立自信心。

【活动时间】

15分钟。

（建议指导语：老师为大家准备了一张白板，这不是一张普通的白板，只要我们通过考验，它就可以帮助我们成功变身成为"小超人"！）

【活动内容】

（1）答题变身：

教师提出问题，小组轮流派组员答题，回答正确即可成为超人并有资格将自己的照片贴到超人区，代表变身成功；如果回答失败，更换答题同学，但是回答内容不能与前面的同学重复；回答过问题的同学不能再答题。

问题参考：（可以根据需要更换题目的数量和内容）

① 谁能说出六种哺乳动物名称？

② 谁能说出七种颜色？

③ 谁能说出五种交通工具？

④ 谁能说出四个带"四"字的成语？

⑤ 谁能说出六种家用电器名称？

⑥ 谁能说出三个国产汽车品牌？

⑦ 谁能说出四个直辖市的名称？

⑧ 谁能说出四个亚洲国家的名称？

⑨ 谁能说出四种花的名称？

⑩ 谁能说出六种球类体育运动？

（2）互助变身：

教师更换提问方式，大家合作帮助没有变身超人的同学寻找自身的特长和能力。

问题参考：

① 谁擅长舞蹈？

② 谁字写得好看?

③ 谁很爱帮助别人?

④ 谁对人很有礼貌?

⑤ 谁会演奏乐器?

⑥ 谁热爱劳动?

⑦ 谁会画画?

⑧ 谁唱歌好听?

⑨ 谁学习认真。

⑩ 谁有体育特长?

（注意：题目可以根据班里的实际情况来设定，保证每个学生都能找到自己的优点。）

（3）自由分享：

① 对于什么是"小超人"，你有什么新看法?

② 发现自己和别人的优点和长处有什么感觉?

【引导要点】

（1）只要认真寻找，每个人身上都有优点和长处。

（2）善于发现自己长处的孩子乐观自信；善于发现别人长处的孩子谦和友好。

（3）对自己的优点和长处既不过分夸大又不过于谦虚，实事求是就是最好。

（4）成为本领高强的"小超人"还要具备许多能力，所以大家要继续努力，才能进化。

📖 活动 3：超人再进化

【辅导要点】

通过交流优点和特长，引导学生进行自我反思，鼓励学生向伙伴学习，建立更好的发展目标，学会完善自我。

【活动时间】

15分钟。

（建议指导语：每个人都是"小超人"，只是能力各有不同，如果我们善于学习身边同学的优点提高自己的能力，就能进化成为更出色的超人。）

【活动内容】

（1）填写活动记录单中"我擅长的领域和才艺"部分，包括自己感兴趣而且了解的1~3个角度。

（2）组内交流，小组成员交流彼此的特长（如果有的同学想不出来，小组成员可以互相启发）。

（3）组长对本组同学擅长的领域进行记录和汇总。

（4）班内分享，组长代表发言。

（5）教师总结。

简单记录学生的发言，肯定学生开诚布公的分享，分享本身即是对自信心的训练。

（6）根据分享的内容，选择一个伙伴的优势，是自己通过努力可能做到的，作为自己的进化目标。如："我要向某某同学学习，把航模做好"，填写在活动记录单"超人再进化"栏目。

（注意：进化的目标要尽可能地具体，才能够帮助自己找到实现的方法。）

📖 活动4：总结与延伸

【活动时间】

5分钟。

【活动内容】

（1）自由分享：谈一谈你对这堂课印象深刻的部分。

（2）课后延伸：将"超人再进化"的内容展开，以"超人计划"为主题设计一份自我成长小计划，最好发放一致的卡片或者纸张，可以举办主题展示活动。

四、活动素材库

1. 设计理念

小学中年级学生的自我认识水平已经有了一定的发展，但是具体描述自己的特点时，很多孩子存在困惑。自我评价能力欠缺一方面是由于孩子的认知水平有限，词汇量和对词语的理解程度有限；另一方面是因为缺乏自我认识的能力训练，缺少发现自己优点的主动性。缺乏全面客观的自我认识和适当积极的自我评价，是产生自卑、自傲的主要原因。

本堂班会课针对小学生积极自我评价设计，引导学生借助朋辈力量，互相提示和帮助，发现自身的优势和长处。通过趣味性的课堂活动，帮助每一个学生找到属于自己的闪光点，提升学生探索自我的热情和兴趣，同时引导学生彼此帮助、相互借鉴，进一步挖掘自己的潜能，培养新兴趣，设定自我完善的新目标，建立越成长、越优秀的信心。

2. 理论支持

（1）自我效能感。

自我效能感（Self–Efficacy）是班杜拉（A.Bandura）创建的社会认知理论中的一个重要概念。它指的是个体对自己具有组织和执行达到特定成就的能力的信念，是个体对自己能力的一种主观感受，而不是能力本身。

自我效能感包含三层意思：

第一，自我效能是对能否达到某一表现水平的预期，产生于活动发生之前。

第二，自我效能感是针对某一具体活动的能力知觉。

第三，自我效能感是对自己能否达到某个目标或特定表现水平的主观判断。

班杜拉认为个体与环境、自我与社会之间的关系是交互的。人既是社会的产物，又影响、形成社会环境。自我效能感就是人对自己能力的信念，它控制着人们自身的思想和行动，并通过它控制着人们所处的环境条件。所以自我效能感是自我系统中起核心作用的动力因素。

（2）最近发展区。

维果斯基的"最近发展区"理论认为，儿童有两种发展水平：一种是儿童的现有水平，指独立活动时所能达到的解决问题的水平，如儿童已经完全掌握的规则、技能等；另一种是儿童即将达到的发展水平。两者之间的差异就是最近发展区。

在最近发展区内，成人或是同伴的帮助形式是多种多样的：如用模仿的方法示范、列举实例、启发式提问、由成人进行监督以及集体活动等。"最近发展区"理论给我们提供了一条理解儿童发展的途径，其蕴含的重要思想是：儿童的发展主要是通过与成人或更有经验的同伴的社会交往而获得的。

维果斯基说："如果儿童在最近发展区接受新的学习，其发展会更有成果。在这个区内，如能得到成人的帮助，儿童比较容易吸收单靠自己无法吸收的东西。"教育应着眼于学生的最近发展区，为学生提供带有难度的内容，调动学生的积极性，发挥其潜能，超越其最近发展区而达到下一发展阶段的水平，然后在此基础上进行下一个发展区的发展。

（3）如何形成积极的自我观念。

① 帮助学生树立和维护适当的自信心。

自信心是自我观念的一个重要组成部分，指的是对自己的能力有一个正确认识和评价，善于发现优点和长处，使其成为前进的动力。很多学生对学习不感兴趣，缺乏学习积极性，与自信心过低或丧失密切相关。自信心的水平必须适当，过高和过低都不好，过高容易骄傲自大，自命不凡；过低容易自我贬低，自暴自弃。将学生的自信心维持在一个合理的水平上，需要老师及时提醒和带动。

② 支持学生体验自我价值感。

自尊心也是自我观念的一个基本要素，教师在督促学生形成自尊心的同时，还要注意维护，不要伤害学生的自尊心。力争多用鼓励的语言，发挥期待的效用，表现出善意。

③ 确立合理的期望值。

消极自我观念的产生与经常性体验挫折和失败有关，对超出自己能力范围内的不切实际的追求，其结果可想而知。要使学生敢于自我分析，勇敢面对自身的缺点和不足，优势不等于出类拔萃，而是在自己能力范围内做到最好，这种认识对积极自我观念的形成作用很大。

④ 积极参加课内外活动。

尽可能设计适合所有学生参与的活动，给大家以平等的机会。每个人都可以找到体现自我价值的角度，有利于积极自我观念的全面培养。

⑤ 学会积极关注。

帮助学生寻找自己的优点，学会管理自己的记忆，多提取积极的信息，等等。

3. 可替代活动

（1）超人雕塑（可以替代活动1）。

【辅导要点】

小组建设活动，活跃课堂气氛，导入活动课主题。

【活动内容】

① 观看"超人"动画片片段，或者"超级英雄"片段。

② 请学生自由分享自己认为"超人"应该具备怎样的特点。

③ 小组活动：所有成员一起搭建一个可以代表超人的造型，并想出一句超人的口号。

④ 小组展示。

⑤ 教师可以拍照留念，简单总结和引导。

"超人"是动漫作品中的人物，具备难以想象的超能力，但是更值得我们学习的是他的坚强勇敢和善良正直；实际生活中只要能够发现自己的特长和优点，就是我们自己的"小超人"。

　　（2）"小超人"之星（可以替代活动3）。

【辅导要点】
　　引导学生发现自己更多的优点特长，展现个体的独特性。

【活动内容】
　　① 学生在白纸上根据活动2中大家总结出的各方面优点特长，选出自己具备的特点，一定要实事求是，只写自己目前符合的。

　　② 小组交流，选出本组找到的能力和特长最丰富的同学作为"小超人"，代表小组交流自己是如何做到的。

　　③ 班内交流，每组的"小超人"之星发言。

　　④ 教师总结。

　　每个人都是独一无二的"小超人"；善于发现自己的优势是获得信心的基础；在善于发现优势的同时还要虚心学习，努力提升自己，才能越来越优秀。

　　（3）超人使命（可以替代活动3）。

【辅导要点】
　　引导学生发挥自己的特长，帮助别人。

【活动内容】
　　① 小组成员根据自己的特长优点，交流自己可以为他人和集体做出哪些贡献。如我会拉小提琴，可以在班级联欢上表演节目；我乐于助人，可以给班里同学讲题。

　　② 组长汇总小组成员的发言。

③ 组长代表小组参加班级分享。

④ 教师总结。

自己的优势如果可以为他人和集体提供帮助，才更像"小超人"。

4. 活动记录单

超人再进化

我擅长的领域和才艺

我的进化目标与计划

目标

做法

第4堂
美丽的知识
学习辅导

PSYCHOLOGICAL
DEVELOPMENT
LEARNING

一、活动目的

1. 通过"小组拼拼"活动，以趣味拼图的形式完成小组组建，活跃课堂气氛，导入活动课主题。

2. 通过"知识之窗"活动，展示学生所了解的课内与课外不同角度的知识，引导学生正确看待学习，激发学习兴趣。

3. 通过"知识之美"活动，进一步激发学生的好奇心和求知欲，提升学习兴趣，增强学习动机。

二、活动准备

1. 课前 2 ～ 3 天，每个学生发放一张大小相同的彩色卡片纸，或者剪成大小相仿的图案的彩色纸片，将自己感兴趣的知识写在卡片上，可以是任何角度的知识，包活课堂上学习和课外了解到的，制作成知识卡，签上名字。

2. 准备5张花形图片，分别写上"美""丽""的""知""识"；将每张图片分割为N张（N=每组人数），用来分组。

3. 用写上"美""丽""的""知""识"的5张花形图片制作小组桌牌。

4. 每组一张A4纸，或者8开纸，大小为可以粘贴小组所有成员的知识卡。

5. 印制活动记录单（见活动素材库）。

6. 每组一支胶棒，书写笔、彩色笔足量。

三、活动过程

📋 活动1：小组拼拼

【辅导要点】

以拼图的方式建立小组，成立"美""丽""的""知""识"五个小组，导入活动课主题。

【活动时间】

8分钟。

（建议指导语：进入教室时每个人抽取一张拼图卡，按照图形提示迅速找到自己的小组，并完成小组拼图，看看哪个小组又安静又快速地完成任务。）

【活动内容】

（1）学生按顺序从教师处抽取拼图卡。

（2）学生对照每组桌牌（桌牌图片为拼图图片）找到自己所属小组。

（3）与同组同学共同完成拼图，并粘贴在本组的小组记录纸上合适的位置。

（4）确定组长，完成任务的小组组长举手示意，教师记录完成顺序。

（5）分享活动感受，教师总结。

【引导要点】

（1）越有秩序的小组任务完成得越好，提示课堂要求：积极参与，互相尊重，遵守秩序。

（2）五个小组组成了"美丽的知识"，是本堂课的主题。

📖 活动 2：知识之窗

【辅导要点】

每个同学在组内交流课前准备的知识卡，并粘贴制作本组的知识窗，通过交流分享拓展知识面，感悟知识之美。

【活动时间】

15分钟。

（建议指导语：通过小小的活动，每个同学都找到了自己的团队，接下来，请你带着这种快乐的心情一起欣赏、发现知识的美。）

【活动内容】

（1）小组分享：我的知识卡。

（2）每个同学分享后，所有成员要给予掌声表示感谢。

（3）将每个同学的知识卡粘贴在小组记录纸的合适位置，制作成"知识窗"，并进行简单装饰。

（4）班级分享：每组组长代表小组分享本组的知识窗（简单介绍知识角度，如果有投影设备，可以配合使用）。

（5）教师总结。

【引导要点】

（1）肯定学生认真完成知识卡和知识窗的制作。

（2）同学们了解的知识丰富多彩，有的广泛，有的深入；有的来自课堂认真学习，有的来自课后自主学习。

（3）知识是力量，知识也很美好，互相交流、彼此学习，是扩大知识视野快捷而有效的方式，即所谓的"学问相长"。

（4）发现和自己知识兴趣相投的伙伴，可以进一步交流，也许你们能够成为很好的朋友。

📖 活动 3：知识之美

【辅导要点】

　　在小组内确定自己喜欢的知识卡，既可以请得到票数最高的同学介绍自己的知识来源，也可以回答小组伙伴的相关问题，进一步体验和感悟知识之美。

【活动时间】

　　12分钟。

　　（建议指导语：每个小组的知识窗都妙趣横生，探索不一样的知识，感受不同知识的美好，是可以帮助自己拥有渊博知识的有效方法。小伙伴们了解的领域丰富多彩，哪一个角度你很感兴趣，哪一张知识卡你觉得最美呢？）

【活动内容】

　　（1）每个同学在本组知识窗中选择一张你最感兴趣的知识卡，在它的旁边画一颗彩色的小星星。

　　（2）看看哪一张知识卡得票最高，就是本组的"最美知识卡"。

　　（3）请"最美知识卡"的主人介绍一下自己的知识来源以及为什么对此感兴趣。

　　（4）小组成员可以提出相关问题。

　　（5）班级分享：请每组的"最美知识卡"主人进行简短分享。

　　（6）教师总结。

【引导要点】

　　（1）从研究的态度和积极思考的角度给以鼓励，不仅仅是"最美知识卡"主人，包括所有热爱知识的孩子。

　　（2）学习不仅仅是课内知识的学习，还包括更加广阔的课外学习。

　　（3）知识不分高低贵贱，都是宝贵的财富，各有其美。

　　（4）主动分享、虚心学习，是快速高效获得知识的有效途径。

（5）随着年级的升高，学习任务越来越繁重，但是尊重知识的心要一直保持，希望你永远拥有一双善于发现知识之美的眼睛。

📖 活动4：总结与延伸

【活动时间】
5分钟。

【活动内容】
（1）自由分享：你如何理解"知识是美的"？
（2）课后延伸：完成活动记录卡中"我的发现之旅"的内容，结合班内交流，在同学们的启发下，想一想自己对哪些新的知识感兴趣，思考获得新知识的途径。

四、活动素材库

1.设计背景

爱因斯坦说过：兴趣是最好的老师。学习兴趣是学习者在教育者的指导下，渴望接近、尝试探究和掌握客观事物发展的规律，带有饱满情绪的一种意识倾向。学习兴趣是推动人们求知的一种内在力量，一个人如果对某一事物、某项活动感兴趣，就会专心致志地去研究它，会持续地、毫不松懈地去钻研它，学习效果会得到大幅提升。

小学阶段孩子们对于学习本身有着浓厚的兴趣，然而随着年级的不断升高，学习任务的不断增加，以及网络和游戏等对孩子们的吸引，在求知欲和好奇心方面需要积极引导，激发和促进学生对于知识的探索和尊重，为未来学习打下坚实的基础。

本堂课通过搭建交流平台，充分展示学生所掌握的知识领域，引导学生相互学习、相互促进，展示自己储备的知识，探索和研究新的知识，寻找和感受知识的美丽，激发学习兴趣，提高学习动机。

2. 理论支持

（1）学习过程中的自我实现。

人本主义心理学是20世纪中叶在美国兴起的现代心理学流派之一，其主要的代表人物是马斯洛和罗杰斯。人本主义学习理论认为学习是学生根据自己的需要自发地、积极地投入学习中并产生全面变化的活动，在学习的过程中，学生的思想情感、学习态度尤为重要。

学生在学习时不仅涉及其认知能力、探索能力，还涉及其情感、行为和价值观念等诸多方面。学生的学习过程中不仅影响其认知能力、而且对其行为、态度和情感等多方面产生作用。人本主义学习理论主张"以学生为中心"的教学原则，提倡学习应以人的整体发展为中心，促进学生成为全面发展的人。

依据马斯洛的自我实现理论，提出学生的需要是其学习的原动力。罗杰斯提出意义学习，其核心是学生直接参与学习的过程，参与学习目的、学习内容、学习结果评价的决策。学生要有根据自己的兴趣和需要选择学习的自由，同时还必须让学生体验到学习对于他们个人的意义，学会如何学习。

（2）小学生学习兴趣及其特点。

学习兴趣可以激发小学生的学习积极性，可以点燃小学生求知的欲望，能促使小学生想方设法地努力学习，以取得最佳的学习成绩。

美国心理学家拉扎勒斯通过大量的实验，提出兴趣对小学生的学习结果有影响，认为兴趣能促进小学生勤奋学习，能激发小学生争强好胜的欲望，能使小学生极力想取得优异成绩，并能在兴趣的指引下，朝着自己的目标努力拼搏与奋斗。

陈毓芳曾通过研究得出结论，小学生的学习兴趣与学习成绩之间存在关系，学习兴趣与学习自信心之间存在关系。他认为要增强学生学习的自信心，要让学生愿意学习、乐于学习，要让学生取得最佳的学习成绩，应该从培养与激发小学生的学习兴趣入手。

小学生的学习兴趣有以下特点：

指向性，兴趣是小学生为实现某种目标而产生的一定的反应倾向，学习兴趣针对一定的事件，指向一定的活动；广泛性，小学生处于求知的生长阶段，学习兴趣十分广泛，他们对周围的新鲜事物会非常感兴趣，好奇心强；持续性，如果对某一事情或活动感兴趣可能会持久地引导学生；效应性，学习兴趣能增加学习知识的欲望和努力学习的劲头，增加学习的信心、学习知识的好奇心，增强其学习知识的能力；集中性，小学生如果对某一事件或活动感兴趣，会专心致志地投入于该事件或活动之中，而对别的事物的影响加以遏制；情绪性，在从事感兴趣的事件或活动时，会出现快乐积极的心态；动力性，兴趣可以提供小学生从事活动的动力，鞭策着他们努力奋斗。

3. 可替代活动
（1）探索的美（可以替代活动1）。

【辅导要点】
通过趣味知识问答来活跃课堂气氛，引导学生感受知识丰富的魅力，激发学生的求知欲，导入活动课主题。

【活动内容】
① 有奖快速抢答：（题目可以从知识百科类的书籍中查找，也可以加入学科知识）

a. 一本书共100页，小明第一天看了1/5，第二天看了剩下的1/4，剩下的第三天看完，第三天看了多少页？（60页）

b. 王昌龄的诗句"洛阳亲友如相问"下一句是？（一片冰心在玉壶）

c. 王翰《凉州词》中，"醉卧沙场君莫笑"的下句是什么？（古来征战几人回）

d. 负荆请罪讲的是廉颇和哪位丞相的故事？（蔺相如）

e. 三个水组成的汉字念什么？（淼，miǎo）

f. 而立之年是指多少岁？（30岁）

e. 人们常说花季的年纪指多少岁？（16岁，"年方二八"。也有"二八芳龄"，指十六七岁的女子）

h. 光合作用中能够吸收光中的能量将二氧化碳转变为氧气的一种色

素叫什么？（叶绿素）

i. 一根钢管长10米，第一次截去它的7/10，第二次又截去余下的1/3，还剩多少米？（2米）

j. 现存九千三百多首，在我国文学史上首屈一指的多产南宋诗人是谁？（陆游）

② 答对题目的同学获得小奖品。

③ 请答对题目较多的学生分享知识从哪里得来。

④ 教师总结：知识的宝库宽广博大，知识渊博的人受人尊重，从小懂得尊重知识，不断学习和积累，才能成为有智慧的人。导入课程主题。

（2）挑战擂台（可以替代活动2）。

【辅导要点】

以攻擂的方式引导学生交流知识储备，将自己擅长的知识与同学分享，学习其他同学分享的知识。

【活动内容】

① 课前布置学生在自己感兴趣的知识领域里找一道趣味题，并能够进行简单的讲解。

② 以抽签的形式，每组确定一名同学参加知识擂台赛。

③ 从某一小组开始，擂主出题，其他小组同学回答，答对了给本组加分，答不对则给擂主所在小组加分；依次类推。

④ 被答对的题目，由回答的同学讲解，擂主补充；答不出来的题目由擂主讲解。

⑤ 小组内交流：其他同学将自己准备的题目在小组内交流。

⑥ 自由分享：和同学们交流之后，说说你的感受。

⑦ 教师总结：知识本身没有价值高低之分，不是只有考试的内容才重要，只要帮助我们了解了世界就是有价值，就是美丽的知识；对知识本身的浓厚兴趣将是帮助同学们完成更复杂、更艰巨的学习内容的基础和保障。

第5堂

做自己的警卫员

生命安全

PSYCHOLOGICAL
DEVELOPMENT
LEARNING

一、活动目的

1. 通过"Yes or No"活动，营造轻松的课堂氛围，导入活动课主题。

2. 通过"危险探测器"活动，引导学生了解性骚扰的基本知识，正确认识性安全的内涵和意义。

3. 通过"小小警卫员"活动，运用情景假设，提升学生自我保护的能力，培养和提高安全意识。

二、活动准备

1. 依照场地条件和班级人数划分小组，每组6~7人，确定组长；桌椅进行马蹄形摆放，中间预留活动空间。

2. 印制活动记录单（见活动素材库）。

3. 书写笔和彩色笔足量。

4. 每组一张彩色卡纸，用来制作"安全岗位责任书"。

三、活动过程

📖 活动 1：Yes or No

【辅导要点】

通过放松活动去营造轻松有序的课堂氛围，引导学生要有分辨是非的主动意识，导入课程主题。

【活动时间】

5分钟。

（建议指导语：孩子们，今天老师要带大家做一个有趣的"Yes or No"放松操，一定要集中注意力才能完成，看看谁的耳朵又灵，身体又快！）

【活动内容】

（1）全班同学手拉手围成一个或者两个圆圈，如果场地不允许，每个小组围成一个圆圈也可以。

（2）听老师的口令做动作：

① 活动开始，手拉手顺时针走动。

② 听到口令"Yes"原地不动，听到口令"No"原地蹲下；然后继续手拉手绕圈转动，再发出口令，重复三次。

③ 听到口令"Yes"原地站住，双手上举成V字型；听到口令"No"原地站住，双手交叉上举；然后继续手拉手绕圈转动，再发出口令，重复三次。

④ 听到口令"Yes"原地不动，摇头；听到口令"No"原地不动，点头；然后继续手拉手绕圈转动，再发出口令，重复三次（提醒学生口令与动作相反，容易出错）。

（3）自由分享：说说自己在活动中的感受。

（4）教师总结。

【引导要点】

（1）肯定学生认真参与活动，提出活动课要求。

（2）生活中很多时候需要有判断是非的能力，尤其是与安全有关的问题，引入课程主题。

活动2：危险探测器

【辅导要点】

引导学生思考不安全的因素，理解什么是性骚扰，正确认识性安全的内涵和意义。

【活动时间】

12分钟。

（建议指导语：同学们已经长大了，不再是小朋友，处处要长辈照顾和陪伴，单独活动越来越多，所以一定要有一个"危险探测器"，提升安全意识，掌握安全知识。）

【活动内容】

（1）自由发言：你知道的"不安全"因素有哪些？

（2）教师依据学生的发言进行引导，本节课要着重讨论的是性安全常识。

（3）小组讨论：

① 你知道什么是性骚扰吗？

② 你知道哪些行为属于性骚扰？

（通过观看短片《如何教育儿童免受性侵害》效果会更好，从网络资源中可以找到）

（4）班内交流：小组组长代表发言。

（5）教师总结。

让学生充分发表见解，老师不加评判但注意引导，结合学生的发言进行概括总结。

（注意：教师以平和的态度与学生交流，不必过于凝重，性安全常识与其他生活常识无异。）

【引导要点】

（1）除了父母家人帮自己洗澡、医生检查身体之外，有人对于自己身体故意碰触，可能是性骚扰；过于亲密的搂抱、亲吻，对自己性器官的有意碰触，或者要求碰触其性器官，都是性骚扰。

（2）性骚扰不仅仅会发生在公共场合，骚扰者也不一定都是陌生人。

（3）对儿童施行性骚扰的大多是成年人，也有年纪相差不大的儿童和少年。

（4）性骚扰不一定仅仅存在于异性之间，同性也有可能，尤其是男性。

（5）对儿童施行性骚扰的人大多存在心理障碍或者精神疾病，在保护自己的同时也要向成年人请教一些相关知识，比如暴露癖、异装癖等。

（6）如果分辨不清是否属于性骚扰就要及时请教家长和老师。

📋 活动 3：小小警卫员

【辅导要点】

探讨日常生活中怎样进行自我保护，如何避免性骚扰，以及遇到性骚扰后应该怎么办。

【活动时间】

15分钟。

（建议指导语：除了对可能出现的危险有防范意识外，还要了解怎样避免性骚扰，以及遇到骚扰后应该怎么办。大家应互相帮助，争取成为合格的警卫员。）

【活动内容】

（1）小组讨论：

① 在日常生活中怎样进行自我保护，避免性骚扰?

② 如果遇到性骚扰应该怎么办?

（注意：要求小组成员轮流发言，组长进行简单记录。）

（2）班内交流，组长代表小组发言。

（注意：可以将小组分成两部分，分别讨论，提高课堂效率。）

（3）教师总结。

结合学生的发言总结和补充，可以参考活动素材库中的相关内容。

【引导要点】

（1）提高对人和环境的鉴别力，防范意识要强：

① 不去可能出现危险的环境，比如网吧、游戏厅，以及其他社会娱乐场所。

② 对过分热情的人要提高警惕，尤其是并不熟悉的人。

③ 谨慎地与他人交往，尤其是不了解对方身份，年龄相差较大的。

④ 不要独自去偏僻人少的地方，尤其是晚上或者糟糕的天气。

⑤ 不受金钱和物质的诱惑，不随便吃别人给的食物，不贪恋轻易而来的玩具以及其他物品。

⑥ 不在网上公开个人的真实信息，不与网友随意聊天和单独见面。

⑦ 在不确定安全的情况下，不跟随某人去其家里、宾馆或者其他场所。

⑧ 独自在家时不给非家庭成员开门，即使是认识的人。

（2）当遭遇到性骚扰时，应该：

① 遇到危险时要大声呼救。

② 向有人和明亮的地方快跑。

③ 面对威胁要勇敢拒绝，尽可能地逃脱。

④ 利用自己身体的坚硬部位如：头、牙齿、肩、手、拳、脚、等部位自卫（为了确保生命的安全，避免盲目的反抗，因为生命高于一切，我们要做到冷静、机智、勇敢）。

⑤ 认清周围的环境，尽量记住对方的声音、容貌等特征。

⑥ 一旦遭遇骚扰，要尽力保存证据，马上告诉家人、老师并及时报警。

📖 活动 4：总结与延伸

【活动时间】

8分钟。

【活动内容】

（1）辨析活动：可不可以。

以Yes or No放松操的第二节的方式来判断对错，即如果认为对，双手上举成V字形，如果认为不对，双手交叉上举。

辨析题目：

① 被人强吻。（是）

② 被长辈或老师轻捏面颊。（不是）

③ 被迫观看或触摸他人的性器官。（是）

④ 被迫一起观看黄色书刊或色情影碟。（是）

⑤ 很久不见的长辈见面时高兴地拥抱你（不是）

⑥ 被人抚摸胸部或性器官。（是）

⑦ 说下流话、做下流动作。（是）

⑧ 强行搂抱。（是）

⑨ 拥挤的公共汽车上有人离自己很近。（不是）

⑩ 异性长辈帮助自己擦掉嘴唇上的脏东西。（不是）

（2）课后延伸：与家长讨论还有哪些安全环节需要注意，将课上没有想到的增补进去，形成"班级安全知识手册"；根据课堂学习和课外拓展的内容，每组制作一张"安全警卫岗位责任书"，在班内进行主题展示。

四、活动素材库

1. 设计背景

近年来，儿童遭受性侵害的犯罪事件时有发生，逐渐成为社会关注的热点，如何打造平安校园、保障少年儿童权益不受侵害已是当前亟待解决的问题。必须充分重视儿童性安全的教育，积极探索教育儿童防范性侵害的有效方法和措施，进一步提高学生自我保护的意识和能力。

小学中段的学生社会活动能力逐渐增强，家庭和学校的监护逐渐减弱，教育孩子主动预防和维护个人安全是极为重要的辅导内容。尤其是随着青春期的逐渐到来，学生们的身体逐渐开始发育，遭遇性骚扰的可能性也随之不断增加，因此必须针对如何预防和应对性骚扰进行专题辅导。

本堂课通过讨论和分享活动，引导学生在认真而轻松的氛围中，了解有关性安全的知识，学会保护自我，学习尊重他人，形成为自己的安全负责的意识。

2. 理论支持

（1）儿童性骚扰。

儿童性骚扰是指发生于成人对儿童的诱奸或者以欺骗为外衣的性攻击，这种性骚扰有时表现为性交，但更多的情况下表现为对儿童性器官的玩弄。

女孩受到性骚扰往往是受害者所熟悉的人，以语言和动作损害女孩子的人格和正常的性羞耻心。男童受到性骚扰容易被忽略，以成年人玩弄儿童性器官为主要形式，其中大多是无意的，如父母、亲友和小男孩"闹着玩"，不属于性骚扰，但是这种玩是有性内容的，也不适合。

（2）如何预防性骚扰。

预防性骚扰，要引导孩子掌握以下基本观念：

① 身体是自己的隐私。

我们的身体属于自己，身体是隐私的，特别是性器官部分。没有任何人有权利看或是摸性器官，除非是家人帮助自己洗澡的时候，或是医生做身体检查的时候。

② 不能帮坏人保密。

如果有人看过或碰过自己的隐私部位，或是有人企图或要求这样做，都一定要告诉父母，这是正确的选择。无论是谁，如果他要求保守这样的秘密，那肯定是错的，即使这个人是警察、老师、亲戚、护士或是医生。

③ 相信自己的感觉。

因为身体属于自己，所以要相信自己的感觉，如果有人看或是摸自己的方式很不舒服，要相信自己的判断，并选择离开他们。

④ 不能触碰其他人的隐私部位。

和别人不能碰自己的隐私部位一样，我们也不可以触碰别人的隐私部位，即使是被要求这么做。

⑤ 无须草木皆兵。

很可能永远都不会遇到之前说的那些情况，因为正常人从来不会做这些事。但是万一遇到了，就需要记得这些注意事项。

⑥ 表达抗议是对的。

无论遇到什么情况，包括游戏和玩笑，如果自己觉得不舒服就要喊"停止"或"住手"，当有人，包括父母、兄弟姐妹或是朋友不尊重自己时，生气是完全合理的反应。

⑦ 遇到危险要大声呼救。

遇到危险惊声尖叫很可能给自己创造逃脱的机会。

⑧ 独自出门要小心。

自己在外面的时候，不走人少的胡同小巷；不落单、不凑热闹；感觉被人跟踪可以改变方向，选择去热闹、明亮的地方，如商店、快餐店等，寻求工作人员的帮助，不要直接回家。

⑨ 不理会陌生人的搭讪。

不接受陌生人给予的食物或饮料，陌生人搭讪要快速离开，不予理睬。

⑩ 独自在家不要给家人之外的其他人开门。

3. 可替代活动

（1）安全金钥匙（可以替代活动3）。

【辅导要点】

以情景游戏的方式了解有关性安全的知识，学习如何鉴别和应对危险情境。

【活动内容】

① 将讨论材料制作成题签，每个小组抽取一道题目。

材料单可以设计成"锁和钥匙"的形状，"锁"的图案中是情境材料，"钥匙"的图案留白，书写讨论结果。

② 小组讨论：如果遇到材料中叙述的情境应该怎么办；给我们的启发有哪些?

情境一：同学恶作剧翻我的裙子或脱我的裤子。

（金钥匙：严词拒绝；告知家长和老师；尊重别人的身体；不拿别人的身体开玩笑；不对别人做自己不喜欢的事。）

情境二：父母不在家，男性亲戚突然来访，对我表现亲密，让我感觉不舒服。

（金钥匙：独自在家不给家人之外的人开门；伤害我们的很多时候是熟悉的人；我们要学会拒绝；告知家长。）

情境三：我正在排队买肯德基，一个陌生人目不转睛地盯着我看，还跟我搭讪，让我觉得不自在。

（金钥匙：不理睬；马上离开；向工作人员求助。）

情境四：放学了，小丽独自回家，一位熟悉的叔叔骗小丽说爸爸在某宾馆等她一起吃饭，小丽相信了，跟着去了，结果被性侵，事后叔叔威胁她不许告诉父母。

（金钥匙：遭到性侵害要立刻告诉家长；保留证据，及时报警；不要随便跟随家长之外的成年人去任何地方；得到父母的确认方可改变之前的计划。）

（2）可不可以（可以替代活动4）。

① 在游泳池的更衣室里裸露身体。（可以）

② 在教室里裸露身体。（不可以）

③ 接受陌生人给的食物。（不可以）

④ 在卫生间沐浴时裸露身体。（可以）

⑤ 在接受外科手术时裸露身体。（可以）

⑥ 在自己的卧室里裸露身体。（偶尔可以）

⑦ 和不太熟的人约好去爬山。（不可以）

⑧ 和父母闹别扭时，一人找个偏僻的地方散散心。（不可以）

⑨ 做网友很长时间了，一个人去见网友。（不可以）

⑩ 叔叔很久没见我了，见面后他想抱抱我。（偶尔可以）

（3）正不正确（可以替代活动4）。

遇到性侵后：

① 不理会罪犯是否有武器，大声喊叫。（不正确）

② 马上将事情告诉家长并及时报警。（正确）

③ 尽量记住罪犯的声音、容貌等特征。（正确）

④ 因为罪犯是熟悉的人，就逆来顺受。（不正确）

⑤ 立即换下身上所有的衣物，并将衣物洗干净。（不正确）

4. 活动记录单

危险探测器

你知道什么是性骚扰吗？

你知道哪些行为属于性骚扰吗？

小小警卫员

在日常生活中怎样进行自我保护，避免性骚扰？

如果遇到性骚扰应该怎么办？

第6堂

健康小博士

生活适应

PSYCHOLOGICAL

DEVELOPMENT

LEARNING

一、活动目的

1. 通过"健康三原色"活动，活跃课堂气氛，引发学生对健康的思考，导入课程主题。

2. 通过"行动观察员"活动，帮助学生区分日常生活中的健康行为与不良行为。

3. 通过"与健康有约"活动，介绍健康合约的制定方法，引导学生制定自己的健康合约，主动维护身心健康。

二、活动准备

1. 依据场地条件和班级人数划分小组，每组6~8人，确定组长。

2. 印制活动记录单（见活动素材库）。

3. 白色A4打印纸每人一张。

4. 书写笔、彩色笔足量。

三、活动过程

活动1：健康三原色

【辅导要点】

营造轻松有序的课堂氛围，引发对健康的思考，导入课程主题。

【活动时间】

8分钟。

（建议指导语：每个人的生活中都有很多重要的东西一定要珍惜，比如健康，这是今天我们要讨论的话题，首先大家一起完成一个"健康三原色"的小活动，看看同学们的反应速度如何，以及对健康了解多少。）

【活动内容】

（1）活动规则。

① 老师说："健康三原色"时，学生齐问："是什么？"

② 当老师说"黄色"时，学生双手握拳高高举起。

③ 当老师说"蓝色"时，学生双手环于胸前，拥抱自己。

④ 当老师说"红色"时，小组成员手拉手。

⑤ 活动中如果出错，要回答老师的问题（老师的问题围绕健康设定即可）。

（2）活动开始。

① 可以简短练习，然后逐渐加快指令发出的速度，随机给出颜色指令。

② 每次指令发出，如果出现出错的学生，随机请他回答有关健康的小问题。

可以请出错的同学说出一个健康常识，包括生活窍门或者健康的习惯；或者请他说说什么是健康，健康的意义，等等。

（3）自由发言：如何理解"健康三原色"？

（4）教师总结。

【引导要点】

（1）这里的"健康三原色"指的是：身体健康、心理和情绪健康、家庭和社交健康。

（2）身体健康是指良好的身体健康状况。

（3）心理和情绪健康是指拥有正确的思维方式，能恰当地表达自己的情绪，能正确地评价自己。

（4）家庭和社交健康是指与他人相处融洽，包括家庭成员、老师同学，以及其他人。

📖 活动 2：行动观察员

【辅导要点】

通过小组讨论发现日常生活中的健康行为和不良行为，归纳总结各自的特点。

【活动时间】

15分钟。

（建议指导语：健康在于生活中的点滴积累，首先我们要了解哪些做法有益于健康，哪些属于不良行为。下面，同学们变身为"行动观察员"，进入健康行为和不良行为的发现之旅。）

【活动内容】

（1）填写活动记录单中的"行动观察记录表"。

从健康的三个角度，发现自己或他人有哪些健康行为和不良行为。

（2）小组成员进行限时交流，汇总记录表中的内容。

组长对讨论内容进行整理，准备进行全班分享。

（3）小组组长依次发言，教师板书，简单记录。

（4）自由发言：通过讨论与交流，说一说什么是健康行为，什么是不良行为?

（5）教师总结。

【引导要点】

（1）健康的行为：能够保持或促进自己和他人健康水平的行为。

（2）不良的行为：对自己和他人的健康有损害的行为。

（3）健康与不良不单单是从对自己有益、有害作为评判的出发点的，还要兼顾他人，行动前要考虑清楚。

📖 活动3：与健康有约

【辅导要点】

介绍并指导学生制定健康行为合约。

【活动时间】

12分钟。

（建议指导语：既了解了关于健康的基本内涵，也互相补充了有关健康行为的知识和经验，接下来，就是最重要的落实环节了。为了提升同学们的健康水平，我们来学习制定健康合约。）

【活动内容】

（1）健康行为合约书。

基本内容包括：

① 健康目标。

明确你要设定的健康目标，例如，坚持运动。

② 对我健康的影响。

说明这个目标会如何影响你的健康，例如：体育活动可以让我的骨骼和肌肉强壮，帮助我保持健康的体重。

③ 行动计划。

描述为实现目标必须实施的计划，并跟踪其实施情况，并说说谁能帮你。例如：我每天跑步20分钟；家人或好友可以帮助我；如果这一天我进行了这项体育活动，我会在日历上画一个笑脸，如果没有就画一个哭脸。

④ 执行评价。

评价计划的实施情况，例如可以采用"五星评价法"。如果评价结果是你的计划失败了（三颗星以下），该怎么办；如果达标了（三颗星以上）给自己什么奖励。

（2）制定健康合约书。

依据健康合约的基本内容，制定一份自己的"健康合约书"。

（3）组内分享健康合约书。

① 成员在小组中分享自己的健康合约书。

② 小组选出一份合理的、操作性强的合约书进行全班展示。

（4）全班展示，教师总结。

【引导要点】

（1）养成良好的小习惯才能积累大收获，所以健康合约的目标越具体越好。

（2）计划具体可操作，是自己有可能完成的。

（3）要有评价方法，有奖有惩。

（4）可以请家人或者小伙伴监督完成，和小伙伴共同制定和完成效果更好。

（5）和自己约定完成目标的方法叫作"契约法"，适用于生活和学习的很多角度。

📋 活动 4：总结与延伸

【活动时间】

5分钟。

【活动内容】

（1）自由分享：我对健康的新看法。

（2）课外延伸：

① 回家阅读与健康相关的文章或者看有关健康的科普节目。

② 做一张以"健康"为主题的迷你手抄报。

③ 举行健康知识博览会，将学生作品在班内进行展出。

四、活动素材库

1. 设计背景

健康是个体的重要财富，是从事一切活动的基本前提，是幸福生活的基础。生命初期所形成的健康的生活观念、生活习惯和生活方式会对终生产生深远影响。通过早期的健康教育不仅可以帮助学生获得健康的知识，培养良好的健康态度，形成健康的行为习惯，还会影响群体、家庭乃至社会，从而达到全民健康、终身健康的目标。

本堂课针对小学中年级学生的认知水平设定，通过互动活动引导学生理解较为全面、科学的健康观念，并总结归纳健康行为、不良行为的特点，引导学生认识到自己的生活习惯和方式的健康与否不仅仅是从个人需要出发，还要考虑他人的利益。学习使用契约法来提升自身的健康意识，促进学生健康行为的形成，以及良好生活习惯的养成。

2. 理论支持

（1）关于健康。

1989年，联合国世界卫生组织（WHO）对健康进行了新的定义，即"健康不仅是没有疾病，而且包括躯体健康、心理健康、社会适应良好和道德健康"。

对于小学中年级的学生可以将健康解释为不仅仅是指没有疾病，健康还包括了身体健康、心理和情绪健康，以及家庭和社交健康。身体健康是指良好的身体状况。健康的身体有助于一个人做自己想做的事。心理和情绪健康是指拥有正确的思维方式，能恰当地表达自己的情绪，能正确地评价自己。家庭和社交健康是指与他人相处融洽，包括家庭成员、朋友以及其他人。

（2）健康行为与不良行为。

健康行为是指能够保持或促进自己和他人健康水平的行为；不良行为是指对自己和他人有伤害的行为。

健康行为与不良行为举例

健康的三个方面	健康行为	不良行为
身体健康	充足的睡眠	睡懒觉
	吃健康的食物	吃高糖和高脂肪的食物
	户外玩耍	长时间看电视
心理和情绪健康	关注自己的感受	忽略自己的感受
	做自己喜欢的事	感到厌烦
	学习新事物	拒绝尝试新事物
家庭和社交健康	帮助家庭成员	当家庭成员寻求帮助时抱怨
	和朋友友好相处	背后说朋友的坏话
	避免与人争执	和别人打架

（3）健康行为合约书举例。

① 健康目标：我要有充足的体育活动（明确你要设定的健康目标）。

② 对健康的影响：体育活动可以让我的骨骼和肌肉强壮，帮助我保持健康的体重（说明这个目标会如何影响你的健康）。

③ 我的计划：我每天跑步20分钟。家人或好友可以帮助我。如果这一天我进行了这项体育活动，我会在日历上画一个笑脸（描述为实现目标必须实施的计划，并跟踪其实施情况，说说谁能帮你）。

健康行为计划表

日期	活动内容	完成情况	监督人签字

　　每天都在计划表上标注自己完成的情况，如果完成得好，可以给自己画个小太阳或笑脸。

　　④ 我的计划进行得怎样：我会注明每天是否都积极参加了体育活动；如果没有，会说明原因；即使天气不好时，我也会进行其他的体育活动；评价计划的实施情况，如果评价结果是你的计划失败了，该怎么办。

3. 可替代活动

（1）听我说，跟我做（可以替代活动1）。

【辅导要点】

热身活动，引导学生对自己的身体给予关注，引出主题。

【活动内容】

① 教师说明活动要求，鼓励学生仔细完成动作。

② 说做一致：教师说出身体部位的名称，同时手指相应部位，学生模仿动作。例如，教师说"鼻子"，手同时指着自己的鼻子。

③ 说做不同：教师说出身体部位的名称，同时手指其他部位，学生模仿动作。例如，教师说"鼻子"，手同时指着自己的耳朵。

④ 进行多轮互动，练习集中注意和抗干扰能力。

⑤ 自由分享活动感受。

⑥ 教师总结。

身体器官既是我们的组成部分，也是好朋友。要善待身体，才能拥有健康。引出课程主题。

（2）故事小屋（可以替代活动1）。

【辅导要点】

通过故事引发学生对健康的思考，提升学生健康生活的意识。

【活动内容】

① 呈现故事。

很久以前，一名妇女发现有三位蓄着花白胡子的老者坐在自家门口，虽然她不认识他们，还是说："我不知道你们是什么人，但各位也许饿了，请进来吃些东西吧。" 其中胡子最长的老者笑着说："我们三个是掌管不同事情的神仙，这位的名字是财富，那位叫成功，而我的名字是健康。"接着，他又说："我们不能一起进屋，现在回去和你家人讨论一下，看你们愿意我们当中的哪一个进去。"

② 自由发言：如果是你，你会请谁进屋？

③ 故事后续。

妻子回去将此话告诉了丈夫。丈夫说："我们让财富进来吧，这样我们就可以黄金满屋啦！"妻子却不同意："我们还是请成功进来更妙！"女儿在一旁听着，说："请健康进来不好吗？这样一来，我们一家人就可以一直在一起了！"丈夫对妻子说："听我们女儿的吧，去请健康进屋做客。"妻子出去请健康进来做客，健康起身向她家走去，另外两个老神仙也站起身来，紧随其后。妻子吃惊地问财富和成功："我只邀请了健康，为什么两位也随同而来？"两位老者道："健康走到什么地方，我们就会陪伴他到什么地方，因为我们根本离不开他，如果你没请他进来，我们两个无论是谁进来，很快就会失去活力和生命，所以，我们走到哪里都会和他在一起的！"

④ 自由发言：你听完故事的感受是什么。

⑤ 引出课程主题。

4. 活动记录单

行动观察记录单

健康的三个方面	健康行为	不良行为
身体健康		
心理和情绪健康		
家庭和社交健康		

健康合约

我的目标：_____

我的规划：_____

时间	要完成的项目	完成情况评价	奖励或惩罚办法	行动监督员意见与签字	改进方法	备注
		☆☆☆☆☆				
		☆☆☆☆☆				
		☆☆☆☆☆				
		☆☆☆☆☆				
		☆☆☆☆☆				

第7堂

缤纷舞台
自我认识

PSYCHOLOGICAL
DEVELOPMENT
LEARNING

一、活动目的

1. 通过"我演你猜"活动，活跃课堂气氛，引导学生思考生活中的角色，导入课程主题。

2. 通过"生活小剧场"活动，帮助学生认清自己的角色，明确每一种角色都有相应的要求。

3. 通过"我们的角色"活动，引导学生思考现在和未来将要扮演的生活角色，如何才能更好地扮演角色，拥有缤纷美好的生活。

二、活动准备

1. 将班级学生划分为6个小组，每组人数和男女生比例均衡，确定组长。

2. 将活动2的内容排演为课堂短剧（有条件的也可以拍成微视频）。

3. 印制活动记录单（见活动素材库）。

三、活动过程

📖 活动1：我演你猜

【辅导要点】

热身游戏，活跃气氛，引导学生思考生活中自己所扮演的角色，引入主题。

【活动时间】

5分钟。

（建议指导语：每个人在生活舞台中都扮演不同的角色，今天我们来做一个与角色有关的有趣的小活动，看看哪组同学最默契。）

【活动内容】

（1）每组派出1名同学参加"我演你猜"比赛，6个小组6名同学里两两一组，一个负责表演，一个负责猜伙伴表演的是什么角色。

（2）表演者可以用语言做角色的特点描述，也可以使用肢体语言，但是描述特点时不可以出现题目中的字，如果出现该题目即作废；其他同学需保持安静，不允许提示；限时1分钟；正确回答多的组合胜出。

（3）参考题目：

① 老师、警察、环卫工人、父亲、飞行员、演员。

② 学生、保安、保洁员、儿子、护士、运动员。

③ 校长、医生、司机、厨师、奶奶、演员。

（题目可以根据需要调换和增减）

（4）给参加活动的同学掌声鼓励，并按照名次发放小奖品。

（5）自由分享：说说自己的活动感受。

（注意：尤其是任务完成不够好的组合，如果出现相互埋怨要适时调节；可以随机请观众代表发言。）

（6）教师总结。

【引导要点】

（1）观察仔细、语言丰富、表演逼真、反应迅速，是完成这项活动的要点。

（2）生活中，每个人都会扮演着各种角色，所有的角色组成了我们自己。

（3）要想了解真正的自己，就要了解我们扮演的所有角色。

📋 活动 2：生活小剧场

【辅导要点】

通过课堂短剧呈现小学生生活的主要场景和扮演的主要角色，引导学生体验和分析每一种角色都有具体要求，成功扮演的前提是充分了解角色要求。

【活动时间】

18分钟。

（建议指导语：生活是个剧场，每个角度都像一个缤纷的舞台，作为小学生的你，到底在扮演着哪些角色？演技又如何呢？我们来看几幕情景剧吧！）

【活动内容】

（1）请"小演员"表演生活短剧。

如果拍摄了微视频则开始播放，也可以具体成对白，请学生进行现场抽签表演。

（2）剧本梗概：

场景一：

星期一早晨，小宇从睡梦中醒来，一睁眼发现已经快七点了。

小宇："妈，你为什么不叫我呢？！"

妈妈："我叫了你三次，你一直不起床！"

小宇一边穿衣服，一边喊道："奶奶，快点帮我收拾书包，还有我的早点！"

奶奶："哎，收拾好了，早点也做好了，放到你书包里了。"

小宇匆忙洗漱完。"爸爸，快送我去学校，我要迟到了！"

爸爸："不行，我今天要出差，你自己坐公交去吧。"

小宇："啊？你怎么能这样呢？"生气地摔门下楼去了。

场景二：

公交车站，小宇一边吃着早点，一边焦急地等着公交车，刚好他吃完早点时，公交车来了。小宇随手将食品袋扔到地上，飞快地跑向车门挤开人群。

小宇："让我先上，我要迟到了！"

上车后，小宇发现前门的位置刚好有个空座，于是他一个箭步冲了过去抢到了座位。随后，一个老奶奶慢慢走上车，站在小宇面前。

小宇内心独白："这是好不容易抢来的座位，可不能随便让给别人。"于是眼睛看向窗外。

这时，坐在小宇旁边的一位阿姨连忙起身，说："老奶奶，您坐这里吧。"

老奶奶连忙说道："谢谢你。"

小宇羞愧地低下了头，还没到站就急忙跑到了车门口。

场景三：

小宇一路小跑赶到学校，已经过了进校时间。小宇被执勤老师拦在门口。

老师："同学，你是哪班的？不仅迟到了，还没戴红领巾，这两项都要给班级扣分！"

垂头丧气的小宇走进教室上课，回想着这一早晨的"遭遇"，一点上课的心思都没有。

走神的小宇被老师发现。"小宇，你怎么回事？迟到、不戴红领巾，还不好好听课，想干什么！"

课下，小宇的好朋友小华看到他很不开心，便跑过来关心他："小宇，你今天怎么了啊……"小华一边说话一边不小心踩到了小宇的脚。

"你怎么那么讨厌！"心烦的小宇把火气都撒在了小华身上。

（2）小组讨论：

① 小宇都扮演了哪些角色？

② 你觉得小宇会不会是讨人喜欢的孩子，为什么？

③ 小宇的身上是否有我们的"影子"？怎么做才会是个受欢迎的"自己"？

（3）小组组长负责记录，代表小组参加班内分享（可以每两个小组主要回答一个问题）。

（4）教师总结。

【引导要点】

（1）小宇的角色：孩子、小公民、乘客、学生、朋友。

（2）小宇可能不受欢迎的原因：

① 对家长不礼貌，自己的事情不自己做。

② 不遵守社会公德，乱扔东西，抢座位。

③ 不爱帮助别人。

④ 不遵守学校纪律，上课走神。

⑤ 拿朋友当出气筒。

（3）不能仅凭这三个场景就给小宇下定论，他也有做得不差的地方，比如没有跟老师顶嘴，没有要求打车上学，知道要迟到了尽力赶时间。

（4）小宇身上也会有我们自己的影子，成长的过程中难免会出现不合适的想法和做法，积极改进就很好。

（5）能够从故事中有所收获，认真思考自己在每一个角色中应该怎样做，就能更好地扮演自己的角色。

📖 活动 3：我们的角色

【辅导要点】

分析当下和未来要扮演的主要角色，以及每一种角色的基本要求，尽力扮演好自己的每一个角色，就会看到越来越好的自己。

【活动时间】

12分钟。

（建议指导语：一名优秀的演员，一定是事先认真分析角色，在扮演的过程中不断听取意见、积累经验才能越演越精彩。真实生活中的角色也是如此，我们究竟要扮演哪些角色呢？）

【活动内容】

（1）完成活动记录单中"我的角色"栏目中的内容。

（2）小组交流，相似的合并，互相补充，形成"我们的角色"。

（3）组长代表发言，班内分享。

（4）教师记录、总结。

（注意：可以在黑板上画出一小一大两个人形图，将现在的角色，和未来的角色分别列入图中；或者以时间轴的方式列出，也可以借鉴生涯彩虹图。）

【引导要点】

（1）当下的角色：孩子、小学生、同学、朋友，小公民。

（2）未来的角色：孩子、学生（中学、大学、研究生）、公民、职业人员、配偶、家长。

（3）角色之间彼此相关，现在和未来之间密切关联。

（4）认真完成每一个角色的任务才会创造有价值的人生。

📖 活动 4：总结与延伸

【活动时间】

5分钟。

【活动内容】

（1）自由分享：在你所扮演的角色中，哪个最成功，为什么？

（2）课后延伸：写一份"我的角色分析"小报告，总结和归纳自己目前所扮演的角色，想想做得好的和需要改进的方面有哪些。

四、活动素材库

1. 设计背景

随着学生年龄的增长，家庭和学校对学生的行为习惯、学习习惯、生活习惯的要求也更严格、更具体，对小学生而言，满足家长、老师对自己的要求是形成健康积极自我意识的重要途径。引导学生树立正确的角色意识，正确看待家长和老师提出的各项要求的原因和意义，形成认同感，进而内化成自觉行为。

本堂班会课的目的是引导学生充分认识到自己在生活中扮演着各种各样的角色，要想扮演好各种角色，成为受欢迎的孩子，就要做符合角色要求的事情。促进学生树立正确的角色意识，通过反思自身行为进行自我教育，立足当下，面向未来，不断进行自我完善。

2. 理论支持

（1）角色教育。

角色教育就是通过学生主体对角色的学习、角色的理解、角色的认识，以及角色的冲突等，使学生在不同角色活动中身临其境地去感受、体验、认识和鉴别不同角色对社会发展和人民生活水平提高的意义与作用，以培养学生的真情实感，为形成未来公民的道德素质与良好行为打下基础。

角色教育对学生社会化的作用已经越来越引起教育领域的关注，许多中小学也将角色教育落实到了学校教育，充实并丰富了角色教育的形式和方法。比如：低年级的角色游戏法（过家家、老鹰捉小鸡等）；中年级的角色模拟法（文明礼仪岗、好客小主人等）；高年级的角色实践法、角色换位法（社区小卫士、我来当老师等）。在角色教育中，我们最根本的目的在于让学生体验不同角色赋予我们的权利和义务，扮演角色，承担责任。

（2）角色扮演技术。

角色扮演是以莫雷诺为代表的心理剧论者和群体动力学论者发展而来的。莫雷诺认为，人是具有创造性和自主性的，如果允许个体自发地选择扮演各种角色，不仅能表现创造性的自我，还会因为心灵的开放而发展积极的情感，改善人际关系，学会解决问题的技巧。我国学者章志光也指出，角色扮演技术就是让受影响者在一种特定的或创设的情境中扮演某一角色，使其认清角色的理想模型，了解社会对角色的期望和自己应尽的角色义务，从而有助于他们去控制或改变自己的态度与行为，以达到改善人际关系和提高工作或学习效率的目的。

在学生团体心理辅导中，使用角色扮演技术，应当注意以下几方面：

① 要创设合适的问题情境，每次表演的时间不宜过长，通常3～6分钟就可以展开讨论。

② 由于在第一次扮演活动中，常常会有困窘和尴尬情形发生，教师要积极营造一种轻松而安全的氛围，充分尊重与接纳，使学生真诚演绎，避免学生感受到压力与伤害。

③ 应鼓励角色扮演者自然真诚地、有创造性地进行角色扮演，而不要以固定的剧本或模式进行表演，让学生有足够的时间去发挥他们的角色，鼓励他们去探索。

④ 角色扮演由学生自愿参加，同时也要保证每个学生具有相等的参与机会。

⑤ 角色扮演以后要进行问题分析、讨论与总结，充分达到辅导活动的认知或思辨的目的。

3. 可替代活动

（1）连连看（可以替代活动1）。

【辅导要点】

热身活动，引导学生发现每个角色都有相应的角色要求，导入活动课主题。

【活动内容】

① 小组合作完成角色连线，把相应的人物和角色要求连起来，最快的小组获胜。

环卫工人	驾驶公交车送乘客安全到达各个车站
警察叔叔	为儿童检查身体、治病救人
快递员	盖新的楼房，让更多人住进漂亮的新房
建筑工人	把快递安全快速地送到收货人手中
公交司机	抓捕犯罪分子，保护大家安全
理发师	清理马路上的树叶和垃圾，保护环境
餐厅厨师	根据顾客需求剪出合适的发型
儿科医生	根据顾客口味制作美味佳肴

② 学生思考分享：除了职业角色，生活中还有哪些角色？

③ 教师总结：生活中每个角色都有相应的要求，只有符合要求才能扮演好角色；每个人扮演的角色不止一个，在不同的场合下会变换不同的角色。

（2）虚拟剧场（可以替代活动3）。

【辅导要点】

通过扮演角色，使学生在活动体验中感受角色对自身的要求，反思自身存在的不足，思考改进的角度。

【活动内容】

① 每两个小组抽取一个场景，以"改进后的小宇"为任务设定编写小剧本，思考如何调整才能更好地扮演孩子、学生、公民的角色，剧情控制在2分钟左右。

② 小组进行表演，其他小组担任点评嘉宾。

③ 分享讨论，教师总结。

每个人在扮演自己角色的时候难免会出现不适当的表现，只要认真反思、积极调整，就会获得进步，越来越受周围人的欢迎。

4. 活动记录单

生活小剧场

小宇都扮演了哪些角色？

你觉得小宇会不会是被人喜欢的孩子，为什么？

小宇的身上是否有我们的"影子"？怎么做才会是个受欢迎的"自己"？

我们的角色

我现在的角色　　　　　　　　　　　我未来的角色

第8堂

五彩计划书

学习辅导

PSYCHOLOGICAL

DEVELOPMENT

LEARNING

一、活动目的

1. 通过"同画笑脸"活动放松和调节课堂氛围，感受目标与方法的重要性，导入课程主题。

2. 通过"目标小精灵"活动，引导学生掌握目标和计划制订的基本要点。

3. 通过"五彩计划书"活动，结合实际，练习制订计划，强化对学习方法重要性的认识。

二、活动准备

1. 依据场地条件和班级人数划分小组，每组6～8人，确定组长；桌椅马蹄形摆放，中间预留活动空间。

2. 印制活动记录单（见活动素材库）。

3. 每人一支书写笔。

4. 红、橙、黄、绿、蓝五种颜色的彩笔足量。

5. 每个学生三张印有圆形的纸（可以用废旧纸张的背面）。

6. 准备由红色、橙、黄、绿、蓝五种颜色组成的小精灵的图案教具，依据SMART原则标注含义（见活动素材库，用词贴近学生的认知能力）。

三、活动过程

📋 活动1：同画笑脸

【辅导要点】

热身活动，通过不同指导语下的画图活动去引导学生体会目标的重要性，导入课程主题。

【活动时间】

8分钟。

（建议指导语：以笑脸为主题可以画出很多可爱的表情包，今天我们也来画一画，看看在特定的条件下你会怎么画，小伙伴们的作品又会是什么风格。）

【活动内容】

（1）每个学生有3张圆形的图，就用这些图当作脸，来创作你的"笑脸图"，注意必须严格遵守要求来完成任务。

（2）笑脸A。

① 拿出一张圆形图，拿好笔，闭上眼睛，开始画你的笑脸图。

② 1分钟左右，教师喊停止。

③ 组内展示自己的作品，看看大家画得怎么样。

④ 自由分享活动感受。

⑤ 教师总结：看不到圆形图案在哪里，也没说笑脸的样子，不知道还有时间限制，所以无法完成任务，也没有办法评价。

（3）笑脸B。

① 老师在黑板上或者幻灯片上呈现一张笑脸简图作为样板，研究一下如何在闭上眼睛的时候也能够准确画出，可以先在第1张图上练习一下。

② 拿出第2张圆形图，注意画笑脸的时候时限是1分钟，听指令闭上眼睛，开始画笑脸图。

③ 组内展示自己的作品，看看大家这次画得怎么样，小组内画得最好的同学是谁。

④ 请每组画得最好的同学分享自己的绘制方法，大家给予掌声鼓励。

⑤ 自由发言：两次画笑脸自己的感受。

⑥ 教师总结：有具体的要求、有方法、知道时间限制，是更好完成任务的前提。

（4）笑脸C。

① 睁开眼睛，在第三张圆形图中画出与教师呈现的一样的笑脸图，看谁的速度又快质量又高。

② 展示自己的作品，绝大多数同学都会很好地完成任务。

（5）结合3次画图，谈谈自己的感悟。

（6）教师总结。

尊重学生的感悟，在学生分享的基础上引导。

【引导要点】

（1）在生活和学习中，想要做什么是个目标，怎么做是方法，还要知道多长时间完成以及如何进行评价。

（2）目标、方法、时间组成了计划，计划是顺利完成各种工作目标的重要环节。随着同学们年级的升高，制订计划的能力越来越重要。

📋 活动2：目标小精灵

【辅导要点】

通过制定一个阅读能力的培养目标，分析目标设定的注意事项，引导学生掌握目标制定的基本原则。

【活动时间】

12分钟。

（建议指导语：日常生活中我们有很多想要做的事情，只是想做肯定不够，需要制定目标，那么你会不会为自己想做的事情制定目标呢？今天我们邀请目标小精灵来帮助大家了解一下！）

【活动内容】

（1）请同学们在活动记录单中给自己制定一个培养和提高阅读能力的目标。

（2）小组交流：组员轮流在小组内介绍自己的目标，选出最科学的一个目标。

（3）班级交流：组长介绍本组选出的最科学目标，并说说理由。

（4）究竟谁的目标制定得最科学呢？请出"目标小精灵"。

"目标小精灵"的五种颜色：

红色：具体的（比如要阅读名著提升语文学习能力）。

橙色：能测量（比如每天阅读20分钟，或者每天阅读10页）。

黄色：可实现（如果说每天读一本就是不可能完成的）。

绿色：关联性（具体目标很杂乱，彼此之间没有联系，关联性就不够）。

蓝色：有时限（不能只是笼统说要读书，要规定完成时间）。

（5）使用目标评价表栏目中的五色花对自己的计划进行评价，你的计划符合哪项要求，就用相应的颜色涂一个花瓣，看看自己能得到几个彩色花瓣。

（6）找到小组中彩色花瓣数量最多的同学，进行班内展示，大家掌声鼓励。

（7）教师总结。

【引导要点】

（1）对认真参加活动的所有孩子都给予肯定。

（2）目标是一个体系，由大目标、中目标和小目标组成。

（3）目标设定不是只有简单的一句话、两句话，而是要符合目标小精灵的五个要求。

（4）好的目标离不开计划，计划是实现目标的保障。

📖 活动 3：五彩计划书

【辅导要点】

将目标制定原则运用到完整的阅读计划制订中，引导和鼓励学生知识与实践相结合。

【活动时间】

15分钟。

（建议指导语：有了合适的目标，如何完成是接下来要思考的问题，在目标小精灵的帮助下，我们知道目标设定是和计划密切相关的，接下来我们尝试一下，力争做出五彩计划书。）

【活动内容】

（1）在活动记录单的"五彩计划书"栏目里制订一个完整的阅读计划，因为课堂时间有限，所以文字可以简洁，但是要尽力按照"目标小精灵"的提示语来完成。

（2）小组交流：组员分享自己的五彩计划书，依旧使用五瓣花评价，如果哪位组员的花瓣颜色不完整，大家要给他提出改进意见。

（3）每个小组派一个代表在班内分享自己的五彩计划书（在小组分享过程中，可以根据实际情况邀请学生分享，尤其是活动2中花瓣颜色很少的学生）。

（4）教师总结。

【引导要点】

（1）目标和计划是学习和生活中非常重要的部分，希望同学们能够重视。

（2）如何制定合理的目标，并做出适宜的计划，需要在实践中不断学习，只要认真，必有收获。

（3）做一个有想法、有规划、有执行力的孩子，一定会成长得更好，获得更大的进步。

📖 **活动 4：总结与延伸**

【活动时间】

5分钟。

【活动内容】

（1）自由分享：说一说你在这堂课中的收获。

（2）课后延伸：用课堂上学习到的内容制订一份周学习计划。

注意：

① 计划安排既要考虑学习也要考虑休息和休闲；既要考虑课内学习，也要考虑课外学习；还有不同学科之间的时间搭配。

② 以喜欢的方式绘制属于自己的计划书，可以用文字辅以图画来表示，纯文字也可以。

③ 和家长讨论计划的可行性，也可以和老师讨论，一经确定就要执行，邀请家长担任监督员，记录计划的实施情况。

四、活动素材库

1. 设计背景

在科学的学习方法当中，学习计划的制订是一个关键的环节。如果学习计划科学，会大大提高学习效率，有利于获得优异的成绩，正所谓要想学好，先有计划。学习计划的制订和施行既是一种能力，也是一种良好的学习习惯，对个体来讲受益终身。建立合理的目标，制订适当计划的习惯需要从小培养。

小学中段学习内容的难度和数量都会显著增加，学生的认知能力和自我管理能力也有了进一步的发展，培养良好的学习习惯，引导学生重视科学的学习方法，是这个学段学习辅导的重要内容。

本堂课通过趣味体验活动引导学生认识目标以及计划制订的重要性，将目标管理原则以符合学生认知水平的方式呈现，贯穿整节课，并通过"五彩计划书"来练习目标的设定和计划的制订，督促学生拓展至更广阔的学习领域，家校合作，提升执行力。

2. 理论支持

（1）学习计划。

计划，在《现代汉语词典》中指"工作或行动以前预先拟定的具体内容和步骤"。计划的本质是人在思维中，运用自己的知识经验对各种发展可能性进行分析，研究使可能性成为现实所需的条件，围绕这些条件构思办法、方案、安排任务，以便于又好又快地达到自己可能达到的目标。

学习计划，就是学习者在学习前预先拟定的具体内容和步骤，包括学习内容的选择，学习方法的选择，时间的合理分配及学生自己对学习效果的合理预测评估等。

（2）制订学习计划的类型。

根据学习任务的多少和学习时间的长短，学习计划一般可分为下列三种类型：

① 长计划。

是指一学期、一学年甚至更长时间的学习计划。这种计划具有较强的原则性。它由三个部分组成：一是确定整个学习过程的总目标和时间分配原则。二是确定各科学习的目的和具体的学习计划，还应有一个总体规划，不能各自为政。三是课余学习的目的和时间安排，这是课堂学习的补充，其特点是内容广泛、形式多样，具有较大的伸缩性和灵活性。一般来说，以自学教材内容及有关读物为主。

② 中打算。

指一个月、一学段的学习计划，具有较强的阶段性。从学习任务来看，可以是一章书或者一单元的学习计划；从学习时间来看，可以是开学初或期中阶段，也可以是期末阶段的学习计划。总的来说，平时学习阶段可适当增加课余学习的时间，复习考试阶段则应以各科学习为主。

③ 短安排。

是指一天、一周左右的学习计划。这种计划具有较强的时效性，学习任务和学习时间均可作具体的安排。

（3）目标管理原则。

目标管理中，有一项原则叫作"SMART"，分别由"Specific、Measurable、Attainable、Relevant、Time-based"五个词组组成。这是制定目标和计划时，必须谨记的五项要点。

S即specific，代表具体的，不能笼统。

M即measurable，代表可度量的，完成的情况可以数量化，或者有行为变化，能够计数或者能够做比较。

A即attainable，代表可实现的，在付出努力的情况下可以实现，避免设立过高或过低的目标。

R即relevant，代表相关性，这个目标实现与否与其他目标有关联。

T即time-based，代表有时限，即有完成任务的特定期限。

3. 可替代活动

（1）神奇飞行（可以替代活动1）。

【辅导要点】

热身活动，引导学生认识目标和计划制定的重要性，导入课程主题。

【活动内容】

① 请每个小组派男女生各一名代表参加活动。

② 将参加活动的学生随机分成两组，完成"神奇飞行"任务，看看哪组完成的速度最快。

③ 任务是每组人员利用两个呼啦圈，从起点飞行至终点，游戏开始时，把呼啦圈扔向前方，然后全组同学都要跨进去，活动过程中组员的脚不可以踩到呼啦圈外，如果踩到，所有成员回到原地重新开始。

④ 所有组员均进入之后，再摆放另一个呼啦圈，两个呼啦圈交替前进，规则同上，最先到达终点的为优胜。

⑤ 活动分享：请两个小组代表以及围观同学代表发言，说一说从这个活动中能够想到什么。

⑥ 教师总结。

肯定学生生成的各种感悟，从合作力、规则意识、计划性等方面均可以分析，最后说明终点是目标，如何到达终点是计划，导入活动课主题。

（2）长路与短路（可以替代活动1）。

【辅导要点】

通过故事情节分析，引导学生认识目标与计划的重要性。

【活动内容】

① 教师讲故事。

曾有人做过一个实验：组织三组人，让他们分别步行到十公里以外的三个村子。第一组的人不知道村庄的名字，也不知道路程有多远，只告诉他们跟着向导走就是。刚走了两三公里就有人叫苦，走了一半时有人几乎愤怒了，有人甚至坐在路边不愿走了，越往后走，他们的情绪越低落。

第二组的人知道村庄的名字和路段，但路边没有里程碑，只能凭经验估计行程时间和距离。走到一半的时候，大多数人就想知道他们已经走了多远，比较有经验的人说："大概走了一半的路程。"于是大家又簇拥着向前走，当走到全程的四分之三时，情绪开始低落，觉得疲惫不堪，而路程似乎还很长。

第三组的人不仅知道村子的名字、路程，而且公路上每一公里就有一块里程碑，人们边走边看里程碑，每缩短一公里便有一小阵的快乐，情绪一直很高涨，所以很快就到达了目的地。

② 自由分享：从这个故事中你能分析出什么道理？

③ 教师总结。

目标与计划的重要意义，而且能够看出，目标设定与计划的制订有很多学问，值得我们思考。

4. 活动记录单

目标小精灵

我的阅读目标

五彩计划书

我的阅读计划

第9堂

心空会下雨

情绪调节

PSYCHOLOGICAL

DEVELOPMENT

LEARNING

一、活动目标

1. 通过"情绪手环"活动，体验情绪的多样性，提高情绪表达能力，导入活动课主题。

2. 通过"心空会下雨"活动认识消极情绪，引导学生分析消极情绪产生的原因。

3. 通过"天气小精灵"活动，学习接纳消极情绪体验，主动进行有效的情绪调节。

二、活动准备

1. 将班级学生分5组，每组人数和男女生比例均衡，确定组长；桌椅呈马蹄形布局，教室中间预留活动空间（可以结合活动1分组）。

2. 五种不同的颜色手环：绿色、蓝色、紫色、橙色、红色8～10个，总数与班级人数相同（可以是各种方便的材质）。

3. 准备五种颜色的桌牌。

4. 印制活动记录单（见活动素材库）。

5. 书写笔每人1支，绿色、蓝色、紫色、橙色、红色彩色笔足量。

三、活动过程

📖 活动1：情绪手环

【辅导要点】

调动学生的积极性，营造欢乐愉悦的课程氛围，体验情绪的多样性，引出主题。

【活动时间】

8分钟。

（建议指导语：老师给大家带来很多漂亮手环，我们用它来完成一个活动，叫作"情绪手环"，你是不是有点儿好奇，什么是"情绪手环"呢？）

【活动内容】

（1）教师随机发放手环，请同学们将手环戴上。

（2）拿到相同颜色手环的同学坐到以相应颜色桌牌为名称的小组。

（3）每位同学都有一个特定颜色的手环，每个颜色代表一种情绪，绿色代表"高兴"，蓝色代表"沮丧"，紫色代表"害怕"，橙色代表"厌恶"，红色代表"生气"。

（4）请各小组快速讨论最能代表本组情绪的表情和动作，制作情绪雕塑，并推选表演的同学，该同学即为组长。

（5）请各组推选的同学依次表演情绪雕塑，看哪些同学表演得形象生动。

（6）自由发言：说一说自己从活动中能够感受到什么。

【引导要点】

（1）情绪是丰富多彩的。

（2）每种情绪的表达方式各有不同。

（3）通过表情和动作可以推测一个人当前的情绪状态。

（4）情绪可以分为积极的和消极的，积极的情绪像晴天，消极的情绪像雨天，导入课程主题。

圄 活动 2：心空会下雨

【辅导要点】

通过"情绪监测站"认识自己的消极情绪，培养情绪识别的能力，以合理态度去看待消极情绪。

【活动时间】

15分钟。

（建议指导语：随着年龄的增长，你很可能会遇到越来越多的不开心的事情，不可避免地产生像下雨天一样的情绪，下雨的心情是怎么产生的，会带来怎样的影响呢？）

【活动内容】

（1）雨天监测仪。

请同学们想一想自己曾经感受到的哪些情绪属于下雨的心情，在活动记录单中记录下来，数量为1～3项，并简要描述产生该情绪的原因以及当时自己的表现。

注意：

① 下雨的心情可以分为毛毛雨（绿色）、小雨（蓝色）、中雨（紫色）、大雨（橙色）和暴雨（红色），代表从低到高不同情绪等级。

② 不同等级的情绪可以使用不同颜色的笔书写，或者使用书写笔书写，然后用相应的彩色笔涂色。

例如：

日期	天气（颜色）	情绪	原因	当时的表现
10月8日	红色	发怒	妈妈收拾房间时未经允许把我的玩具给扔了	脸色发红，眉头紧锁，拳头紧握，大吵大闹

（2）与小组同学分享自己的检测结果。

（3）小组讨论：

① 消极情绪通常有哪些表现？

② 会带来消极情绪的常见原因有哪些？

组长组织小组成员展开讨论，并记录大家的意见（教师要巡视并酌情予以帮助和提示）。

（4）班内交流，组长代表发言。

（5）教师总结。

依据学生的发言进行总结和引导。

【引导要点】

（1）通过观察和记录帮助我们了解自己情绪的方法叫作"情绪监测法"。

（2）不但要知道自己的情绪是什么，还要知道原因和如何表达。

（3）消极情绪一般包括发愁、伤心、难过、失望、灰心、生气、愤怒，等等。

（4）引发消极情绪的原因主要是和家人、老师、朋友、同学相处过程中的矛盾、误解、冲突；学习以及其他活动中自己的表现是不是满意；自己的愿望能不能实现；等等。

（5）不同的同学，导致心空下雨的原因会不一样，表达的方式也会不同。

（6）还要认真思考如何调节自己的情绪。

📖 活动3：天气小精灵

【辅导要点】

引导学生寻找调整消极情绪的方法和策略，学习采用积极而有效的方式对消极情绪进行控制和转换。

【活动时间】

12分钟。

（建议指导语：心空会下雨很正常，但是经常下雨会怎么样呢？适度的天气转换可以带来丰收，适度的情绪转换会带来健康。大家一起想一想，怎样可以做个天气小精灵，很好地控制和调节心的天空呢？）

【活动内容】

（1）小组讨论：

① 应该如何看待消极情绪？

② 哪些方法可以调节消极情绪？

组长负责组织讨论，邀请一个同学记录大家的发言，完成本组的"天气小精灵"法宝。

（2）班内进行分享与交流，每组的记录员代表发言。

（3）教师在黑板上进行简要记录和总结。

【引导要点】

（1）消极情绪和积极情绪一样有意义，都是在表达自己的态度。

（2）消极情绪的程度要和事件对称，过轻过重都不适合。

（3）表达消极情绪的方法也很重要，哭、闹、争吵、回避等很有可能会让情绪变得更加消极，问题变得更复杂。

（4）在调节情绪的过程中，用积极的方式去解决问题会更好。

（5）积极调节情绪的方法有：

① 主动沟通。生气发脾气之后，平静下来后要和对方说明自己的想法。

② 尝试理解。让自己不开心的事情往往都有原因，并非对方有意如此，理解了对方也就不会生气了。

③ 转移注意力。去做一些让自己开心的事情，把注意力转移开，过一会儿也许就好了。

④ 想一想补救的方法。一味地因为某个结果不满意而心情不好并不能解决问题，还是想一想有没有别的方法可以改变结果。

📖 活动 4：总结与延伸

【活动时间】
5分钟。

【活动内容】
选择在自己的情绪检测表中情绪最强烈的一件事，利用天气小精灵法宝，想出更好的应对方法。

例如：

情绪监测记录表

日期	天气	情绪	原因	当时的表现
10月8日	多云	生气	妈妈收拾房间时未经允许把自己的玩具给扔了	脸色发红，眉头紧锁拳头紧握，大吵大闹

	"天气小精灵"的做法
1	和妈妈好好商量，希望妈妈不要擅自做主扔掉玩具。
2	还有自己喜欢的其他玩具，玩儿一会儿，转移注意力。
3	把自己的房间玩具整理好，以后妈妈就不会随意处置了。

四、活动素材库

1. 设计背景

随着年龄的增长和社会经验的增加，小学生的情绪体验变得更加丰富，他们的情绪特点呈现出多样和不稳定性，有时会因为一些看似极小的事情而陷入莫名的难过、生气、愤怒等消极情绪中，会有越长大、越烦恼的感觉。学会接纳自己的消极情绪，认识到消极情绪体验是成长中必不可少的一部分，同时思考消极情绪的表达是否适当，如何转化和调整消极情绪，是小学阶段情绪辅导课程中的重要内容。

本堂课通过情绪与天气的联想，以情绪监测的方法引导和帮助学生整理消极情绪体验，分析表现方式和产生原因，并学会以积极乐观的生活态度去对待消极情绪，在接纳消极情绪的同时提升自我情绪管理能力，促进情绪的健康发展。

2. 理论支持

（1）正确看待消极情绪。

儿童青少年在成长的过程中，要学会慢慢了解自己的情绪，识别自己的消极情绪，认识到消极情绪也是生活的一部分，只有体验到消极情绪才能不断反思自己，及时调整和改变消极的想法，从抵触和逃避变得更加积极而理性，增强解决问题的能力，提高心理承受能力和人际交往能力。

消极情绪体验是情绪发展的必然结果，任何情绪的存在都有其价值和意义，如紧张害怕是个体感到有危险的人或事正在靠近时产生的一种情绪，是大脑发出的警报，告诉主人正处于危险之中，同时大脑还自动地给身体发送指令，让身体各部位有所行动，做好保护主人的准备。

悲伤是人们的愿望受阻或面对失去的时候所产生的情绪体验，如最好的朋友因为搬家而转学，失去心爱的东西，亲人的离世等都会使人感动、悲伤、痛惜，这样的情绪产生正是内心真实感受的表达和宣泄。

情绪的产生都有其必然性，也会经过一段时间后发生转变。因此合理看待多样的情绪，正确对待情绪产生的原因，才能有效地进行情绪调节，经历这样的过程有助于建立积极自信的人生态度，促进人格的自我完善。

（2）消极情绪要积极面对。

情绪指遇到某个人、某件事或者某种现象时，我们心里产生的想法和感觉。正如天气一样，除了晴天之外也免不了有刮风下雨的时候，除了有积极情绪外还会有悲伤、失落、害怕、生气等消极情绪常伴我们的左右，其实积极情绪和消极情绪就像是一枚硬币的两面，有正必然有反。

当消极情绪来临时，如果一味地躲避、不停地逃跑，压抑自己的情绪；或者不停地抱怨、生气、发火，那么消极情绪就会更多地被积累，还会伤害到身边的朋友和家人。所以乐观、冷静地对待消极情绪，像是在安慰一个受伤的朋友一样，更勇敢、更积极地面对它、调整它，会让自己变得更加坚强、更加快乐。

当消极情绪来临时，相对于大哭大闹，发脾气，扔东西等消极方式而言，积极应对方式将更有助于情绪的调节，对于小学阶段的学生来说，可采用一些积极的方式应对消极情绪：

① 做自己喜欢的事情转移注意力，如听听音乐，画画，写日记，或通过参加体育运动等方式来发泄不满情绪。

② 找朋友谈心，让别人帮助自己分担消极情绪，与家人朋友待在一起，获得家人的温暖与安慰。

③ 通过自我激励的方法告诉自己，一切都会好起来的。

④ 观察和记录自己的消极情绪，以便更好地认识消极情绪，理解消极情绪的产生原因，从而进行有效的调整，也是很有效的方法。

3. 可替代活动

（1）"请"字指令（可以替代活动1）。

【辅导要点】

根据指令做出反应，营造课堂氛围，引出活动课主题。

【活动内容】

① 老师发出若干指令，如果指令中有"请"字，学生不能做出相应动作，如果指令中没有"请"字，学生要做出相应动作。例如，老师说："请微笑"，学生则不能微笑，表情严肃，如果指令是"哈哈大笑"，学生们就要做出相应动作（指令均与情绪表达有关）。

② 自由分享活动感受。

③ 教师总结：情绪有很多种，有好情绪也有坏情绪，有的容易表达有的就比较难，大家会觉得哪种情绪不容易表达呢？导入课程主题。

（2）透视坏心情（可以替代活动2）。

【辅导要点】

引导学生探讨消极情绪的表现和原因，分析消极情绪带来的影响及常见的应对方式。

【活动内容】

① 小组讨论：

a. 什么时候自己的心情会不好？

b. 心情不好都有什么样的感觉？

c. 心情糟糕时会有怎样的表现？结果会怎样？

② 班级分享，教师做分类记录。

③ 教师总结。

结合学生的讨论结果进行总结和引导，内容参考课程设计中的引导要点。

4. 活动记录单

情绪监测站

大概日期	天气（颜色）	情绪类型	原因	当时的表现
"天气小精灵"的做法				
1				
2				
3				

第 10 堂

积极合作

人际关系

PSYCHOLOGICAL

DEVELOPMENT

LEARNING

一、活动目的

1. 通过"神秘礼物"活动，引导学生体验合作的乐趣和意义。

2. 通过"神奇的合作力"活动，集思广益，发现生活中的合作力量，以及合作之美。

3. 通过"怪兽来了"活动，体验通过团结合作去完成任务，讨论如何才能实现有效合作。

二、活动准备

1. 将学生平均分成4组，男女生比例均衡，确定组长；小组桌椅尽量分散分布，中间留出足够大的活动空间。

2. 准备四把勺子，四根长度为80厘米左右的细杆，将勺子固定在杆上，制作成长柄勺。

3. 一小盆体积小于勺子的水果，如小西红柿、草莓、葡萄等。

4. 搜集有关合作的图片和资料，如大型的演出、阅兵、集体运动项目、科学技术领域的多人员配合以及班级参与的合作类学校活动等，制作成幻灯片。

5. 准备小奖品若干。

6. 印制活动记录单（见活动素材库）。

三、活动过程

📖 活动 1：神秘礼物

【辅导要点】

体验生活中的很多事情需要互相帮助才能完成，帮助与被帮助都会得到快乐的感觉，进入活动课主题。

【活动时间】

10分钟。

（建议指导语：今天老师给大家带来了一份神秘的礼物，是很好吃的东西哦，你想不想品尝一下？如果你能够完成品尝任务，那么还有小礼物送出呢！）

【活动内容】

（1）每组请出一位同学参加活动。

（2）教师拿出神秘礼物，一盆小水果。

（注意：为了增加神秘感，不要事先让学生发现水果和长柄勺道具。）

（3）每位同学发放一个长柄勺，要求只能用一只手拿着长柄勺的最远端，舀出水果才可以吃，最先吃到的同学胜出。

（4）同学自由发言：如何才能吃到水果？

（5）教师总结，引导学生找到合作的方法去完成任务，即两两一组，互相合作，帮助对方舀出水果，完成任务。

（6）自由分享：这个活动让你有哪些感受？（主要采访参与活动的学生，也从每组观众中选一名代表发言）

（7）教师总结。

合作是快乐的，对于很多活动和工作而言，合作也是必须的，引出课程主题。

📑 活动2：神奇的合作力

【辅导要点】

组织学生谈论生活和学习中的哪些任务需要合作才能完成，探讨合作能力的实际意义。

【活动时间】

10分钟。

（建议指导语：合作可以带来很多快乐，合作也是非常重要的能力，自然界的神奇合作无处不在，你知道哪些相关的事例呢？）

【活动内容】

（1）小组限时讨论：你知道哪些神奇的合作力？

在限定的时间内想出符合要求的项目最多的小组获得优胜，可以得到小奖品。

（2）组长汇报讨论结果，评出优胜小组，发放小奖品。

（3）教师总结。

学生讨论的结果结合课前准备的有关合作力量的图片或者视频资料，引导学生体会合作在当下的生活和未来发展中的重要意义和关键作用。

📑 活动3：怪兽来了

【辅导要点】

体验合作活动，分析合作力包含哪些具体内容。

【活动时间】

15分钟。

（建议指导语：合作有着神奇的魔力，在生活中无处不在。接下来，让我们来完成一个有趣的"怪兽来了"的活动，可以帮助同学们真实体验一下合作力。）

【活动内容】

（1）在活动空间摆好一列椅子，数量与每组人数相同。

（2）活动规则：

① 请一个小组成员示范，面向其他同学坐成一排，听教师口令做动作：比如"怪兽来了，两口三手四只脚"；小组要迅速做出反应，两个同学张开嘴，露出牙齿，组员一共伸出三只手、四只脚。

② 依次请每个小组成员体验，教师更换不同的口令，比如"怪兽来了，三口五手三只脚"，小组再次做出反应。

（注意：教师的口令中，口、手、脚至少有一项的数字能包括所有人数，让尽可能多的小组成员可以参与。）

③ 全部体验完毕后，1分钟讨论任务分工，参加小组竞赛。

（3）竞赛开始：老师发出指令后数三个数，立刻做出反应，不允许移动，检查是否正确完成。每组有2次机会，记录成功次数。

（4）两次均准确完成的为"默契奖"获得者，发小奖品。

（5）小组讨论：结合活动体验，讨论在合作完成任务的过程中，需要注意哪些要点？

（6）教师总结。

结合学生的讨论结果进行总结和引导。

【引导要点】

（1）合作是重要的能力，需要不断地学习和练习。

（2）有效的合作需要合理分工。

（3）每一个成员都要认真完成自己的任务。

（4）合作中的组织者很重要，其他成员要听从指挥。

（5）配合失误时要彼此鼓励而不是互相指责。

📖 活动 4：总结与延伸

【活动时间】

5分钟。

【活动内容】

（1）自由发言：说一说本堂课上自己有什么收获?

（2）课后延伸："合作"词汇搜索。

找到表现有助于合作和会破坏合作的词汇，班内汇总，并进行主题展示，制作成"合作词汇窗"，对照"合作词汇窗"找到自己在合作能力方面的优势，继续发挥；找到和改变不当的态度和行为。

四、活动素材库

1. 设计背景

合作是个体适应社会生活不可缺少的技能，对学生的团结合作能力的鼓励和培养，可以促进其良好人际关系的形成，也为将来的学习和工作打下良好的基础。小学生的合作能力特指学生在学习、生活甚至游戏中，为了实现共同的目标而表现出的主动配合、分工配合、协商解决问题、协调关系等方面的能力。

儿童合作的经验越多，集体观念就越强。通过合作学习，儿童彼此之间变得更加友善、更加乐于助人，他们会更有责任感、更懂得尊重他人。小学中高年级的学生逐步形成相互配合完成任务的意识，这时对学生的合作能力进行培养显得非常重要。

本堂班会课针对小学中段学生设计，目的在于引导学生通过参与活动去感受团结合作的重要性，思考和体验合作的基本要点，提高自身的团结合作意识，主动学习和训练合作能力。

2. 理论支持

（1）关于合作。

合作是指人们在生活、学习或社会关系中，为追求共同的目标而表现出的一种协调行为。在合作当中，双方应该是自愿的、平等的、互利的，这样才能让合作顺利进行下去。

合作能力则是个体在合作的过程中所表现出来的、促进彼此相互协作，共同完成任务的能力。小学生合作能力特指小学生在学习、生活甚至游戏中，为了实现共同的目标而表现出的主动配合、分工配合、协商解决问题、协调关系等方面的能力。一般来说，儿童合作的经验越多，集体观念就越强。通过合作学习，儿童彼此之间变得更加友善，更乐于助人，他们会更有责任感，更懂得尊重他人。

合作意识是指个体对共同行动的认知与情感，是合作行为产生的一个基本前提，善于合作的人更容易从工作中感到快乐。合作意识随着心理和行为能力的增强而不断提高，很难通过讲座或讨论形式得到培养，它必须通过不同的合作经历和分享才能不断提高。

（2）如何增强合作意识。

小学中高年级的学生逐步形成相互配合完成任务的意识，这时，对学生的合作能力进行培养是非常重要的，而在培养学生合作能力时应该注意一些问题，以保证教育活动的有效性。

① 科学建立合作小组。

在合作活动当中，学生要被分为若干个组，而分组是需要进行认真考虑的。为了能让各个小组公平竞争，教师应该充分了解学生的基本情况，使每个小组在性别、才能倾向、个性特征、学习水平和家庭背景等各方面基本保持一致。这样才不会出现能力特别高的组，让他们缺少竞争压力，也不会出现能力特别低的组，让他们丧失信心。

一般来说，分组的要求是"组内异质，组间同质"。组内学生应该有不同的特点，这样合作的时候才能相互学习，取长补短。另外，还应要求每个小组中的成员团结友爱、民主平等，对于原来有矛盾的学生要考虑是否适合在一个组里进行活动，这样才能让合作更加顺利地开展。

②明确小组目标，分工合理，责任明确。

在小组合作的过程中，首先要确立一个明确的目标，这样小组成员才知道自己努力的方向。小组成员因为能力的不同，可以分配不同的工作。组员们应该对彼此的能力有充分的了解，找到适合他们的工作去做，让每个人的能力都能得到最大的体现。在工作的过程中，还应该明确各自的职责，即自己要干的事情，承担自己应有的责任，这样每个成员会对自己的工作更加上心，保证合作有序而有效地进行。

③注意培养团队意识与合作技能。

每一个集体活动都是一次培养学生团队合作能力与意识的机会，不仅仅要让学生认真参与活动，还要在活动之后有所感悟，分享自己的收获，思考自己的不足，为下一次更好的合作做准备。在合作中要培养的合作意识和能力包括团结互助的意识和技能，主动与他人沟通的意识和技能，尊重别人发言的意识和技能，以友好方式对待争议的意识和技能，等等。

（3）如何与他人合作。

与别人共同完成一项任务要做到以下几点：

① 互相信任。

合作双方首先需要彼此信任。如果你不相信自己的队友，你的伙伴也可能会对你产生怀疑，大家很难在活动中达成一致，最终难以完成具体的任务。因此我们在活动的过程中，要充分地相信自己的伙伴，这样大家才能全身心地投入到工作中。

② 开诚布公。

合作的时候要开诚布公，有什么就说什么，不要藏着掖着，有什么问题要及时提出来，大家一起来解决，这样才不会影响接下来的工作。

③ 相互了解。

一个集体当中会有不同的成员，每个人都有自己不同的特点，要让集体的作用发挥到最大，就要充分了解彼此的长处与短处，扬长避短，才能高效完成任务。

④ 积极乐观。

不管做什么事情都应该保持积极乐观的心态，在一个集体中与他人合作更是这样。乐观的态度会影响周围的成员，让大家对需要共同完成的活动抱有信心，不轻易放弃，这样大家才能共同克服困难，取得最后的成功。

⑤ 肯定鼓励。

在与他人共同完成一件事情时，我们不仅要共同克服困难，还需要相互鼓励。当队友取得了可喜的成绩时，应该及时给予鼓励、称赞，让他感觉自己被认可，努力没有白费，这样才会对团体中的工作有持续的热情。

3. 可替代活动
（1）我们是最棒（可以代替活动1）。

【辅导要点】
通过热身活动激发小组的团结合作热情，为接下来的活动做准备。

【活动内容】
① 各小组围成一个圈。
② 学生依次递增说出"我们是最棒"的口号。
a. 胸前拍1下掌，大声说"我"，然后拍左右两边同学肩膀各1下，并说"我"。
b. 胸前拍2下掌，大声说"我们"，然后拍左右两边同学肩膀各2下，并说"我们""我们"。
c. 胸前拍3下掌，大声说"我们是"，然后拍左右两边同学肩膀各3

下，并说"我们是""我们是""我们是"。

d. 胸前拍4下掌，大声说"我们是最"，然后拍左右两边同学肩膀各4下，并说"我们是最""我们是最""我们是最""我们是最"。

e. 胸前拍5下掌，大声说"我们是最棒"，然后拍左右两边同学肩膀各5下，并说"我们是最棒"。

③ 最后大家将右手放到中间，叠加到一块，共同喊出"加油"，热身活动结束。

（2）聪明豆分类（可以替代活动2）。

【辅导要点】

给在合作中常见的现象词语进行分类和排序，分析合作中需要注意的角度，哪些是有利的，哪些是不利的。

【活动内容】

① 给出合作中常见的现象描述，各组进行迅速分类。

② 印制分类表格，使用不同颜色贴纸或者笑脸贴，红色代表不合适的，绿色代表合适的，以贴纸表明本组的意见。

分类表

表现	意见	表现	意见
礼貌地提出不同意见		心中要想到他人	
按照被分配的任务做		耐心听别人把话讲完	
懒惰被动		独立思考	
寻求帮助		鼓励同伴	

表现	意见	表现	意见
责备做得不好的人		斤斤计较	
只有我最行		只考虑自己的任务	
宽容别人		积极参与	
自私自利		感激别人	
接受帮助		分工确定就不能改变	

③ 综合小组意见，讨论哪些做法对合作有利，哪些做法对合作有阻碍？

④ 教师总结，引导要点是合作中的注意事项（见活动素材库相关内容）。

（3）合作力竞赛（可以替代活动2和3）。

如果有条件允许的拓展活动教室，可以组织合作力小竞赛，活动内容可以是传统的拓展项目，如能量传输、齐眉棍、不倒森林和同舟共济等等，结合活动体验讨论，有关合作的意义、正确态度和注意事项。

4. 活动记录单

神奇的合作力

你知道哪些神奇的合作力？

怪兽来了

在合作完成任务的过程中，需要注意哪些要点？

第 11 堂

钱多多变奏曲

生活适应

PSYCHOLOGICAL

DEVELOPMENT

LEARNING

一、活动目的

1. 通过"多多钱组合"活动调节课堂气氛，引发学生对金钱的思考和交流，导入活动课主题。

2. 通过"钱多多的奇遇"活动引导学生分析零花钱的来源，树立节俭生活的正确观念。

3. 通过"钱多多变形记"活动引导学生深入反思自己的消费行为，归纳总结合理利用金钱的方法，培养勤俭节约的良好生活习惯。

二、活动准备

1. 依据场地条件和班级人数分组，每组6~8人，确定组长；小组呈U形布局，中间预留活动空间。

2. 印制活动记录单（见活动素材库）。

3. 准备活动用背景音乐，如《找朋友》等。

三、活动过程

📖 活动1：多多钱组合

【辅导要点】

货币组合活动与随机提问相结合，调节课堂氛围，导入活动课主题。

【活动时间】

8分钟。

（建议指导语：同学们，你们知道钱是什么吧！钱是不是好东西啊？钱能用来做些什么呢？你是否希望自己的钱可以变多呢？我们来做一个"多多钱"的活动，看一看怎样可以将钱变多！）

【活动内容】

（1）活动规则。

① 不同性别的学生分别代表1元钱和5角钱，比如男生代表1元钱，女生代表5角钱。

② 所有学生在教室中间空地围圈站立，教师播放音乐，大家就围着圆圈按顺时针走动（如果场地较小，可以围成内外两圈）。

③ 音乐停，教师大声说出一个金额，学生在最短的时间内找到朋友组成教师要求的金额。比如"1元5角"，可以是1个男生和1个女生组合，也可以是3个女生组合。没有完成任务的同学需要回答一个小问题（问题可以围绕商品与价格进行，例如可以问："你觉得1元5角能买什么？"也可以问一些和钱有关的问题，比如："你认为钱的好处是什么？""钱有没有坏处？"等等）。

④ 学生继续围圈站立，音乐响起重复上一环节，教师说出数目渐次增加的金额，如此进行几轮活动。

（2）开始活动，教师注意及时提醒学生按照规则有序活动，提出课堂要求。

（3）自由发言：

① 钱对于我们来说重要吗？可以用来干什么？

② 钱是万能的吗？有什么是钱不能买到的呢？

（4）教师总结。

【引导要点】

（1）钱可以买东西，满足生活需要，钱还可以帮助别人。

（2）钱不能买来时间和生命，金钱不等同于快乐，不能代替爱。

活动2：钱多多奇遇记

【辅导要点】

通过钱多多同学的奇遇故事，引导学生认识钱是从何而来的，以及为什么要节约用钱。

【活动时间】

15分钟。

（建议指导语：钱多多是一个和同学们差不多大的女孩儿，她很喜欢花钱，总希望自己有用不完的钱。在一次奇遇里，她终于实现了愿望，到底发生了什么事呢？大家来听一听，再想一想。）

【活动内容】

（1）钱多多的故事。

钱多多是个漂亮的小女孩儿，很喜欢买漂亮的东西，希望自己有足够多的钱。一个偶然的机会，她来到了一个奇妙的世界。

在这个奇妙的世界里，钱多多和她的同学们都有一个小钱袋，里面住着一个小财神，可以往钱袋里放钱币。小主人可以和小财神商量每天放多少钱，所以同学钱袋里的钱有多有少。钱多多想总有花不完的钱，她很幸运，小财神同意她的要求。她也只跟和她同样幸运的同学做朋友，四处花钱。

钱多多和她的朋友们总是出手很大方，看见什么都想买，刚买了一条黄裙子，又看上一条粉裙子；酸奶只喝了一口又觉得果汁更合胃口……只要是她喜欢的，就会立刻掏出钱包买下来；而且将找回的零钱随处乱放。小财神不止一次地告诉她钱是辛苦赚来的，不能这样花，可她就是不听。

突然有一天，当钱多多再次拿出钱包时，钱包不再是鼓鼓的了，小财神也变成了小纸人，懒洋洋地靠在钱包里，怎么叫也醒不过来。而且钱多多发现同学们都不理睬她了，她感到非常恐惧和孤独。

（2）自由发言：

① 真的有小财神存在吗?

② 现实生活中谁是我们的小财神呢?

③ 父母、家人的钱从何而来?

（3）小组限时讨论：钱多多的奇遇故事能够告诉我们什么道理?

每个同学都要发言，互相补充，组长做好记录。

（4）组长代表小组发言，参加班内分享。

（5）教师总结。

依据学生的发言进行总结归纳。

【引导要点】

（1）家人是为我们提供消费支持的"小财神"。

（2）家庭经济状况和父母的教养态度不同，决定了同学们可以自由支配钱的数量不同。

（3）家人赚取和同学们可以支配的钱并不是取之不尽、用之不竭的，要合理使用零花钱。

（4）不应以财富的多少来区别对待身边的同学或他人。

（5）钱的多少不是衡量一个人是否值得做朋友的标准，而且同学们现在用的钱不是自己赚来的，不值得炫耀。

📖 活动 3：钱多多变形记

【辅导要点】

通过讨论钱多多如何改变才能渡过难关，引导学生思考合理的消费行为，以及为人处世的基本态度。

【活动时间】

12分钟。

（建议指导语：虽然钱多多身上有很多不足之处，但是小伙伴们要互相帮助，同学们要充分发挥自己的智慧，看看怎样帮助钱多多渡过难关。）

【活动内容】

（1）小组讨论：给钱多多提建议，如何改变能够重新唤醒小财神，找到新朋友。

（2）组长组织讨论，并记录同学们的发言，可以指定另一个同学担任发言人。

（3）班内交流，每组的发言人汇报本组的讨论结果。

（4）教师在黑板上简单记录，并总结。

【引导要点】

（1）不再乱花钱，珍惜小财神的劳动成果。

（2）充分利用资源，不浪费，不买不必要的东西。

（3）养成存钱的好习惯，将零散的钱存到钱袋里，唤醒小财神。

（4）做有意义的事情得到嘉奖，或自己赚钱，比如用劳动换取报酬。

（5）尊重同学，不能"嫌贫爱富"。

（6）和勤俭节约的同学做朋友。

📖 活动4：总结与延伸

【活动时间】

5分钟。

【活动内容】

（1）自由发言：针对课堂活动谈谈自己的感受。

（2）课后延伸：完成一篇题目为"从钱多多的故事中想到的"日记。

结合课堂讨论的内容和钱多多的故事给自己的启发，想一想自己日常消费习惯中哪些是需要调整的，打算怎样做。

四、活动素材库

1.设计背景

现代社会经济发展迅速，家庭生活水平普遍提升，年幼的孩子也很有可能支配数额不小的零花钱。由于家庭经济状况和父母教育理念的差别，孩子们可以自由支配的金钱的额度个体差异显著，影响着孩子们的社会化发展水平和成长状况。花钱没有计划、缺乏基本消费能力、以金钱的多少区别对待伙伴等现象处处可见，教育者必须予以关注。

小学阶段的消费和理财教育至关重要，依据孩子对钱的认识水平的及时引导，帮助他们树立正确的消费观是十分必要的。许多国家对理财教育都非常重视，并作为一项重要的教育内容付诸实施。理财不仅仅是探讨如何赚钱，更是社会适应的基本训练。

本堂课以"钱多多"人物形象为主线，引发学生对金钱的来源、使用以及对生活影响的思考，认识到钱的来之不易、用之有竭，形成正确的消费理念。与此同时，思考消费观对生活和学习可能产生的影响，借鉴知识与经验，实现主动的自我调整。

2. 理论支持

（1）理财与理财教育。

在我国"理财"一词最早出现于《易·系辞下》，为治理财务的意思。现在的理财一词多取意于西方词汇，最早出现于20世纪90年代的报端，理财（Financial Management），即对于财产（包括固定财产和非固定财产）的管理与经营，依据自身的实际，对钱财进行有计划的管理，通过科学安排、理性消费和有效投资，获得最大的、最好的收益。

美国学者比尔（Bill）对理财教育做了一个很直白简明的描述：理财教育就是帮助人们获得做出明智决策的技能，为改善他们的财务状况而采取行动，使人理解自己与金钱的关系；获得阅读、分析、处理而且记录有关个人的财务情况的能力，练习金钱管理，了解风险，为生活制订计划，为将来存钱和投资。

（2）理财教育。

在我国，很多学者认同王卫东和信力建在《中小学理财教育的认识与探索》一文中对"中小学理财教育"的界定："根据社会发展的需要和趋势，从中小学生身心发展特点和成熟水平的实际出发，由学校开展的有目的地培养中小学生正确的财富观、明确的理财意识、基础性的理财知识、初步的理财能力和良好的理财习惯的影响活动，以使他们在未来的市场经济社会中成为社会的主体，具有较高的生活质量，并有效地推动社会的进一步发展"。同时将"中小学理财教育"分为理财意识教育、理财知识教育、理财能力教育。

理财观念（或意识）教育主要包括财富观教育、义利观教育、消费观教育、劳动观教育等。

理财知识教育的主要内容包括金钱知识教育、储蓄常识传授、消费知识教育、基础金融知识和基础经济学知识教育等。

理财能力教育的主要内容包括钱币识别能力教育、合理使用钱币能力和习惯的培养、通过合法劳动赚取钱币的能力和习惯的训练、储蓄能力教育、基本投资能力训练等，兼及中小学生思维能力、管理能力、表达能力、合作能力等的培养和训练。

（3）合理消费口诀。

消费前，多对比，把钱花在关键处。

消费时，不盲目，经济实用是首选。

讲实际，不攀比，金钱绝对不浪费。

求健康，要环保，绿色消费多美好。

3. 可替代活动

（1）人民币传送带（可以替代活动1）。

【辅导要点】

活跃课堂氛围，进行小组建设，引出课程主题。

【活动内容】

① 每组选派一名同学作为督察员，交换到其他组完成督查任务，除了督察员外，其他成员一列纵队站立。

② 教师向学生讲明规则：向最后一名成员呈现金额，例如3元5角、10元7角、5元7角1分，逐步增加任务难度；最后一名成员用非言语的形式将金额数目向前一名成员进行传递，直至第一名成员；由第一名成员记录金额数目；最后看哪组"传送带"工作准确无误。

③ 给各组2分钟时间进行策略讨论。

④ 活动开始，一共三轮传递任务。

⑤ 按照传送任务完成的质量和遵守规则的情况，确定优胜小组，可以颁发小奖品。

⑥ 教师总结。

肯定配合默契、遵守规则的小组，引出活动课主题。

（2）消费信息库（可以替代活动2）。

【辅导要点】
通过零花钱的调查结果，直观了解自己与小伙伴对零花钱的管理情况，反思日常消费行为。

【活动内容】
① 课前成立零用钱调研小组，对全班同学零花钱的来源、消费情况等进行问卷调查并进行数据统计。
② 由调研组负责人向全体同学报告，呈现问卷调查结果。
③ 小组讨论从调查结果中发现的问题。
④ 教师记录并总结（参考课程设计中的相关引导要点）。
（3）钱多多和我（可以替代活动3）。
① 以小组为单位，讨论以下问题：
a. 自己是否存在像钱多多一样乱花钱的行为？
b. 怎样合理地利用零花钱？
② 组长记录总结，班内分享。
③ 教师总结（参考理论支持相关内容）。

4. 活动记录单
钱多多奇遇记

> 钱多多的奇遇故事能够告诉我们什么道理？

钱多多变形记

如何改变能够重新唤醒小财神，找到新朋友？

第12堂

生命的春天

生命安全

PSYCHOLOGICAL

DEVELOPMENT

LEARNING

一、活动目的

1. 通过"迎春花串儿"活动，热身分组，活跃课堂气氛，导入活动课主题。

2. 通过"小脚丫、大脚印"活动，引导学生认识成长的不同阶段，对即将而来的青春期有初步的认识。

3. 通过"生命之春"活动，帮助学生掌握最基本的青春期常识，在了解客观规律的同时尊重个体差异，为即将面对的快速成长发展期做好充分的心理准备。

二、活动准备

1. 依据场地条件和班级人数分组，每组6~8人，确定组长；桌椅马蹄形摆放，教室中间留出活动空间。

2. 请学生准备自己婴儿、幼儿、刚上小学的照片，交给教师，做成幻灯片（或者做成成长展示栏）。

3. 印制活动记录单（见活动素材库）。

4. 制作由七个脚印组成的脚印图，每个小组1张，教师1张。

三、活动过程

📖 活动1：迎春花串儿

【辅导要点】

通过指令结组活动营造轻松愉快的课堂气氛，随机分小组，确定组长，导入课程主题。

【活动时间】

5分钟。

（建议指导语：迎春花是美丽又勇敢的小花儿，就像你们一样！我们来进行一个"迎春花串儿"的小活动，挑战一下大家的注意力和反应速度。小花很脆弱，所以活动的时候要注意安全！）

【活动内容】

（1）活动规则：

① 全体同学起立，在教室中间跟随背景音乐，随意走动。

② 听老师的指令："迎春花开，春天就来，迎春花开，会开2串"，指令中说几串，就近几个同学结成一组。

③ 教师随机给出指令，可以逐渐增加数量，最后一个数字是小组人数，比如6个人一组，就指令花开6串。

（注意：每次结组都有可能出现没有完成任务的孩子，请他们分享一下自己的感受，分析一下为什么没能找到小组，教师给出相应的鼓励和建议。）

（2）开始活动，最后一次活动，将各组人数适当均衡，以手指投票法选出组长，分组就坐。

（3）自由分享：说说自己的活动感受。

（4）教师总结。

【引导要点】

（1）肯定学生认真参与活动，提出课堂要求，遵守约定，积极参与，互相尊重，主动分享。

（2）有的同学没能完成任务，有客观的原因，比如人数不可能刚刚好；也有主观的原因，比如性别排斥，有的孩子非要和好朋友一组，等等。

（3）小游戏中能看到真实的状态，为什么会考虑性别以及同学关系的远近，这正是长大的讯号。引入活动课主题。

📖 活动 2：小脚丫，大脚印

【辅导要点】

通过照片观察自己和伙伴们从小到大的成长和变化，认识成长的连续性，并思考人生发展的基本阶段。

【活动时间】

15分钟。

（建议指导语：长大在不知不觉中发生，转回头看看"小毛头"时候的自己和伙伴，会有怎样的感受呢？小脚丫变成大脚印，要经历哪些过程呢？）

【活动内容】

（1）成长的足迹。

教师呈现由学生提供的照片制成的幻灯片，一起猜猜他是谁，被猜中的同学站起来，对比现在的样子，大家一起为他鼓掌。

（2）自由分享：说说自己看到这些照片的感受。

（3）教师总结。

（建议指导语：成长一刻不停，悄然发生；成长是终身的，从出生开始，要经历多少个阶段呢？）

（4）发放脚印图，小组讨论人一生要经历几个成长阶段，填写在脚印图里，并想一想每个阶段要完成的主要任务。

（5）班内分享和总结。

【引导要点】

（1）人的成长和发展是终身的，从小脚丫到大脚印，可以分成以下几个阶段：婴儿、幼儿、儿童、少年、青年、中年、老年。

（2）同学们目前已经走过婴儿、幼儿阶段，正经历儿童期，很快进发到少年期。

（3）从儿童到青年时期的主要任务都是学习知识和本领，之后要努力工作，老年期除了休闲也可以创造很多社会价值。

（4）从小学高段开始逐渐进入青春期，是人生发展最迅速，也是最为关键的时期。

📋 活动 3：生命之春

【辅导要点】

了解青春期的基本常识，为即将而来的快速成长阶段做好准备，预防发展性和适应性问题的出现。

【活动时间】

15分钟。

（建议指导语：大千世界一切都在发展变化，植物要发芽、开花、结果，动物也会经历从出生、生长发育和繁衍阶段，同学们长到10岁之后，就会渐次迎来生命的春天。）

【活动内容】

（1）脑洞时间：填写活动记录单中的相应内容。

① 什么是青春期？

② 青春期中会出现哪些变化呢？

（2）小组交流，组长汇总组员的意见。

（3）班内分享，组长代表发言。

（4）教师总结。

对于学生的理解给予正面回应，出现特殊的理解也要认可，并适当地引导。

【引导要点】

（1）青春期是生理发育突飞猛进的阶段，对于身体上的、心理上的变化要做好充分的准备，你会和家人、老师以及小伙伴们一起迎接人生的这个重要阶段。

（2）青春期指以生殖器官发育成熟，开始有繁殖能力的时期，世界卫生组织（WHO）规定青春期为10~19岁。

（3）同学们进入青春期和结束的年龄不一样，可相差2~4岁，平均来看女孩的青春期开始和结束年龄都比男孩早2年左右，也就是说有的孩子发育得早，有的发育得晚，一点儿也不奇怪，不用担心或者自卑，有知识的孩子不会笑话别人，也不怕被别人笑话。

（4）青春期是人一生中生长发育的第二高峰期，无论是身体还是心理都会发生很多变化，事先积累相关知识可以帮助大家更健康地成长。

（5）要以正常渠道获取成长知识，老师会在以后的班会课中逐渐介绍相关内容。

（注意：可根据学生课堂反应的情况进行适度讲解，明确性心理和生理发展的知识很重要，与学习数学、语文等知识没有差别，希望同学们在生活中注意积累，以后的青春期课堂中能够交流更广泛的知识。）

📖 活动 4：总结与延伸

【活动时间】

5分钟。

【活动内容】

（1）自由发言：说一说自己在本堂课中的收获。

（2）课后延伸：可以查阅书籍，使用网络资源，或者向长辈请教更多的有关青春期的知识，在之后的班会课中与同学们交流分享。

四、活动素材库

1. 设计背景

青春期是心理学家和教育学家所说的"疾风骤雨"时期，其发展的速度、出现的问题和对个体终身发展的影响有目共睹。小学中年级学生即将进入青春发育期，有的孩子已经开始发育，性生理和性心理的快速发展变化，将促使孩子们面对更多的随成长而来的烦恼和问题。引导学生正确对待青春前期的生理变化，帮助他们掌握必要的青春期心理卫生常识，是预防成长问题的重要环节。

本堂课旨在通过丰富的活动引导学生纵观人生发展的阶段，思考每个阶段的成长任务，以科学的态度面对即将到来的青春期，降低神秘感和各种不良猜忌，坦然相对，互相尊重，以平和而健康的心态去面对青春期生理和心理变化，为顺利度过青春期打下良好基础。

2. 理论支持

（1）青春期。

青春期指以生殖器官发育成熟、第二性征发育为标志的，开始有繁殖能力的时期，世界卫生组织（WHO）规定青春期为10~19岁。女孩的青春期开始年龄和结束年龄都比男孩早2年左右。青春期的进入和结束年龄存在较大的个体差异，可相差2~4岁。青春期是人一生中生长发育的第二高峰期，是性发育、性成熟的重要时期，对青春期的阶段划分至今没有统一的分期标准，有部分学者将其分为：

青春期前期：第二性征开始出现，至女孩出现月经初潮，男孩出现首次遗精为止，表现是体格生长突增，年龄为9~13岁。

青春期中期：以性器官及第二性征发育为主，以女孩出现月经初潮、男孩出现首次遗精为开始，以第二性征发育成熟为止，年龄约为13~16岁。

青春期后期：自第二性征发育成熟至生殖功能完全成熟，身高增长停止，女孩在这个阶段开始出现周期性月经，年龄为16~18岁。

（2）青春期前教育的意义。

小学生的年龄一般是6~12周岁，这一阶段又可分为6~9周岁、10~12周岁两个阶段，也就是小学1~3年级（即低中年级）和4~6年级（即小学高年级）。

孩子生长到这一年龄段时，男女的生殖器官逐渐发育，其速度明显快于婴幼儿期，这一时期孩子的身体以及各部位器官迅速成长变化，呈现出骨质逐渐硬化，大肌肉迅速增长，心脏活动变得更有规律和正常，脑重增加，脑细胞迅速发展等生理方面的突出特点。最典型的是个子长高，体重增加，开始出现第二性征。

小学高年级段的学生正处于青春前期，这一时期性发育的主要特征表现是，生长加速和第二性特征出现。男性以睾丸明显增大、生殖器明显变粗、变长为青春前期的标志，以首次遗精为前期结束。目前，男孩首次遗精的年龄提前到11~13岁。女性以乳房乳头开始突起，乳晕开始增大为青春前期的开始，以初潮来临为此期的结束。目前女孩初潮年龄提前到9~11岁。

男性首次遗精和女孩初潮来临，就表明睾丸和卵巢逐步成熟，并产生性激素，在性激素的作用下，促使青春前期的性发育全面启动。这一时期，生殖系统因为生殖细胞及相应生殖器官没有成熟，所以，男孩和女孩还不具有生殖功能。但是，因为男女性激素水平的升高，青春前期少男少女的性欲、性好奇、性尝试冲动都比婴幼儿期、学龄前儿童期大大增强，所以在青春前期即小学阶段进行性教育是十分必要的、及时的，也是为青春中期和青春后期即初高中阶段的教育打下基础。

（3）青春期心理特点。

① 性意识骤然增长。

由于生理上出现性发育加速，使得青少年对性知识特别感兴趣，对异性有强烈的交往欲望，性的好奇感和神秘感与日俱增。

② 智力水平迅猛提高。

对问题的精确性和概括性发展迅速，逐步从形象思维为主向抽象逻辑思维过渡。

③ 自我意识强而不稳。

独立欲望增强，对事物能做出自己的判断和见解，但对自我的认识和评价过高或过低，常为一些矛盾所困扰，如独立欲望与缺乏独立能力的矛盾，自己心中的"成人感"与成人眼中的"孩子气"之间的矛盾，等等。

④ 情感世界充满风暴。

常常表现出幼稚的感情冲动和短暂的不安定状态，孤独、忧伤、激动、喜悦、愤怒微妙地交织在一起，组成一个强烈、动摇和不协调的情感世界。

⑤ 兴趣爱好日益广泛。

求知欲与好奇心强烈，富有理想，热爱生活，积极向上，乐于参加各种创造性活动，对于竞争性、冒险性和趣味性的活动更是乐不知疲。

⑥ 人际交往欲望强烈。

一方面强烈希望结交志趣相同、年龄相仿，能够相互理解、分享生活感受的知心朋友；另一方面，对自己周围的人尽量保持良好的关系，尤其是对自己所属的集体，有强烈的归属感和依赖性，宁肯自己受点委屈，也要保持生活圈的平衡与协调。

3. 可替代活动

（1）"马兰花开"（可以替代活动1）。

① 全体同学围成一个圆圈队列按顺时针走，老师站在圈中央。学生间距30厘米以上，不可以有肢体接触。

② 随着音乐学生围着老师走圆圈队列，一边拍手走一边说儿歌：马兰花，马兰花，风吹雨打都不怕，请问要开几朵花？

比如老师说3朵，学生任意3个人抱在一起；没有完成任务，就站到圆圈中间负责拍手唱儿歌，活动继续。

③ 掌握活动时间，最后剩下的学生为优胜，可以给予小奖励。

④ 小组分享活动感受。

⑤ 最后一轮全体参加，马兰花开6~7朵，划分出活动小组。

（2）你好，青春期（可以替代活动3）。

【辅导要点】

通过对青春期中的成长期待，引导学生了解青春期可能出现的生理、心理变化，成长既是挑战，也是机遇。

【活动内容】

① 填写"你好，青春期"愿望卡，写出自己希望在青春期中能够实现的成长目标。

② 小组内分享交流，组长汇总组员的愿望，合并类似项目，班内分享。

③ 小组讨论：想要实现青春期愿望，我们需要怎样做？

④ 班内分享，教师总结。

要点：要掌握有关青春期的知识；认真完成学习任务；认真参加运动；养成良好的生活习惯；和小伙伴友好相处；遇到困难及时请教和求助。

（3）我的未来（可以替代活动3）。

【辅导要点】

依据课堂中了解的知识，设想自己在小学的后半段的生活中可能出现的变化和遇到的困难，以及需要做好的准备。

【活动内容】

① 填写"我的未来"卡片，结合课堂中学习的知识和自己的体会完成。

我会出现的变化	可能遇到的困难	如何帮助自己

② 小组交流，互相给出建议。

③ 班内交流，总结概括青春期会出现的变化以及困惑和问题。

4. 活动记录单

小脚丫，大脚印

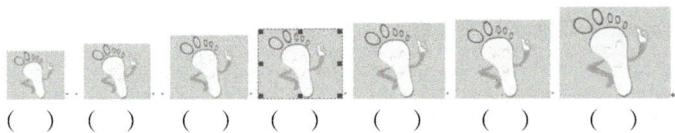

( )　( )　( )　( )　( )　( )　( )

生命之春（脑洞时间）

"青春期"是：

青春期中我会出现的变化：

PART TWO

小学四年级

第13堂

理想花筒

学习辅导

PSYCHOLOGICAL

DEVELOPMENT

LEARNING

一、活动目的

1. 通过"人物竞猜"抢答活动，快速调动课堂气氛，引导学生认识少年立志的重要性。

2. 通过"理想花筒"活动，促使学生从与伙伴交流理想的过程中得到启发，思考什么是理想，彼此鼓励，相互借鉴。

3. 通过"播种理想"活动，引导学生认真思考理想与现实的差距，明确实现理想要靠脚踏实地的努力。

二、活动准备

1. 依据场地条件和班级人数划分小组，每组6~8人，确定组长。

2. 印制活动记录单（见活动素材库）。

3. 书写笔和彩色笔足量，准备双面胶或者透明胶，剪刀。

4. 搜集活动1中出现的名人的照片或者画像。

5. 花形纸卡或者贴纸，也可以是其他纸张，用来制作理想花。

6. 每组一张硬卡纸（其他材质也可），大小为可以贴上本组的全部理想花，并且能够做成圆筒状（如果有其他长条形的材料也可以，比如泡沫条）。

三、活动过程

活动1：人物竞猜

【辅导要点】

通过抢答活动调动课堂气氛，同时运用题目中少年立志的例子引导学生思考从小树立理想的重要性。

【活动时间】

8分钟。

（建议指导语：古今中外有很多了不起的人物，他们都是各自领域中贡献卓著的人，下面的人物竞猜抢答活动，既反映同学们的知识面，还能看出反应速度和小组配合能力。）

【活动内容】

（1）以小组为单位进行抢答，每组派出一位答题员，由其负责抢答题目，其他组员可以给建议，但是不能代替回答，否则答题无效。

（2）黑板上画出简易积分栏：回答对了贴一张红色贴纸（或者小红花），回答错了贴一张绿色贴纸（或者其他颜色的花）。

（3）教师阅读题目，在阅读过程中即可举手回答；回答错误的小组本轮不能再参加竞答。

备用题目：

① 少年时期，为人沉默寡言，从小立志"精忠报国"，怀有抗金的伟大抱负，南宋抗金名将。（岳飞）

② 疾病流行，亲眼看到很多人被疾病折磨，为了解除病人的痛苦，从小立志学医，有志者事竟成，终于学得一手好医术；东汉末年卓越的医

学家，他精于各科，尤其擅长外科，是世界上第一个运用全身麻醉进行腹腔手术的人。（华佗）

③ 晋代，从小立志成为书法家，于是坚持不懈练字，用尽十八缸水，终于成为一代书法大师，他的字和父亲王羲之的字并列，被人们称为"二王"。（王献之）

④ 战国时期名人，年少经历了失败，认识到自己的不足，重新振作精神，发奋读书。用"锥刺股"的方式防止自己打瞌睡，终于事业有成，成为著名政治家。（苏秦）

⑤ 自幼聪颖，勤学好问，尤喜推理断案，其家父与知县交往密切，从小耳濡目染，学会了不少的断案知识，协助知县缉拿凶手，为民除害；他努力学习律法、刑理知识，为长大以后断案如神，为民申冤，打下了深厚的知识基础，人称"包青天"。（包拯）

⑥ 小时候贪玩贪睡，没少受先生的责罚和同伴的嘲笑，他决心改掉贪睡的坏毛病，为了早早起床，他睡觉前喝了满满一肚子水，结果早上没有被憋醒，却尿了床；于是用圆木头做了一个警枕，早上一翻身，头滑落在床板上，自然惊醒，从此每天早早地起床读书，坚持不懈，终于成为了一个学识渊博的人，是写出了《资治通鉴》的大文豪。（司马光）

⑦ 从小立志，要"为中华之崛起"而读书！为祖国的独立、富强献出了自己毕生的力量！（周恩来）

⑧ 少年时生活困苦，在好心人的帮助下才有机会读书。一次被有钱的同学误会是小偷，他据理力争，不许别人践踏自己的尊严，终于证明了自己的清白，而且通过这件事，更加树立了金榜题名的志向，南宋末年著名的民族英雄。（文天祥）

（注意：材料内容可根据实际需要调整，每揭晓一个答案，即呈现该名人的资料图片。）

（4）自救环节：每个小组有一次机会给大家介绍一个少年立志的故事，可以得到一张红色贴纸。

（5）计算成绩，红花的数量减去绿花的数量即为最后得分，分数高的胜出。

（6）自由分享：活动中你能感悟到什么？

（7）教师总结。

总结活动结果，明确少年立志的重要意义。

【引导要点】

（1）得到负分的小组积极回答问题的精神值得肯定，很多事情既要有勇气还要有策略。

（2）同学之间互相配合会更好地完成任务。

（3）这些题目素材均是少年立志的杰出人物的故事，值得我们思考的是，如何从这些故事中获得启发和激励。导入课程主题。

📖 活动 2：理想花筒

【辅导要点】

制作自己的理想花，组成小组的"理想花筒"，分享彼此的理想，思考理想是什么，应该如何建构自己的理想。

【活动时间】

17分钟。

（建议指导语：古往今来，凡成就大事的人，大都是从少年时期就树立了远大的理想，其实不论是有成就的人还是普通的人，只要有自己的理想，无论大小，都是生活和学习的动力。你有什么理想呢？接下来请大家制作自己的理想花。）

【活动内容】

（1）制作理想花。

在花形贴纸上写上自己的理想，1～3个，如果是2个或者3个要按照重要性排列顺序。

（2）制作理想花筒。

将白色卡纸做成筒状，将小组成员的理想花贴在筒的外壁上，做成本组的理想花筒，可以进行适当的装饰。

每贴一个同学的理想花，都要请他（她）简单介绍为什么有这样的理想。

（3）分组展示。

组长展示本组的理想花筒，并简单介绍每个同学的理想。

（4）小组讨论：知道了这么多小伙伴的理想，说一说什么是有意义的理想，可以举例说明。

（5）班级分享：每个小组推选一位同学代表小组发表见解。

（6）教师总结。

【引导要点】

（1）理想，就是建立在现实基础上，指向未来的，有实现可能的向往追求，也是奋斗目标。

（2）理想是要脚踏实地，和自己的兴趣、能力、特长等结合起来，通过努力有可能实现。

（3）理想是长远的目标，对学习活动有持久的推动作用。

（4）不切实际的理想叫空想，缺乏实际意义。

（5）年少的理想经常不被理解和重视，只要是自己认真思考的，而且是积极正向的，就可以坚持。

活动 3：播种理想

【辅导要点】

为自己的理想制定一个远程规划，引导学生进一步认识理想并非遥不可及，而是未来要抵达的目标，与现在紧密连接。

【活动时间】

10分钟。

（建议指导语：理想是激励我们珍惜少年时光，努力增长知识和能力的动力源泉，理想之花开放，需要认真播种，仔细照管，接受阳光雨露和风霜雨雪。希望你是一个认真的播种者和勤劳的耕作者。）

【活动内容】

（1）填写活动记录单中"播种理想"栏目的内容（可以播放与理想有关的歌曲作为背景音乐，比如《蝴蝶飞呀》）。

① 自己实现理想的优势是什么？

② 实现理想的计划是什么？

（2）小组分享，彼此可以给出建议。

（3）每组选派一名同学分享自己的理想规划。

（注意：小组分享时教师可以通过巡视，邀请有代表性的学生在班内分享，比如计划合理，可行性强的；与现实紧密结合，有引导作用的；很难确定理想，制订计划困难的。）

（4）教师总结。

【引导要点】

（1）理想有的遥远而宽泛，有的具体而明确，年纪还小的你们在长大的过程中也会不断调整。

（2）理想要从勤奋读书，学习本领，锻炼身体，健康成长开始。

（3）未来充满未知挑战，可能遭遇到挫折和失败，但是只要有理想的指引，一切都能面对。

📖 活动4：总结与延伸

【活动时间】

5分钟。

【活动内容】

（1）自由分享：著名作家巴金说："理想不抛弃苦心追求的人，只要不停止追求，就会沐浴在理想的光辉中。"谈谈你对这句话的看法。

（2）课后延伸：回家后把你的理想计划告诉爸爸妈妈，听一听他们的建议，看一看他们可以给你哪些帮助，做哪些调整。

四、活动素材库

1. 设计背景

个体的发展既是一个自然成长的过程，又是一个教育引导的过程，目标教育是社会教育的主要内容，有了目标就会集中全身心的力量来努力实现，有了目标就知道自己应该朝哪个方向努力，这样就更容易走向成功。小学阶段是社会自我不断发展和完善的时期，如何引导学生将自己的发展和家庭、学校以及社会相连接，如何以长远的理想作为自我完善的内部驱动力，是心理辅导的重要内容。

小学四五年级的学生，逐渐进入青春前期，面对越来越多快速成长带来的干扰和影响，在学习状态和行为习惯等方面单凭外力约束和教育已经远远不够。要激励学生内在的成长动力，促使其更认真努力地学习，开发潜能，合理使用自己的时间和精力，实现正向发展。

本堂课以理想教育为主题，旨在引导学生将未来的美好设想与当下的学习密切联系起来，增强学习的主动性和自觉性。

2. 理论支持

（1）关于理想。

"理想是人们在实践中形成的、有可能实现的、对未来社会和自身发展的向往和追求，是人们世界观、人生观、价值观在奋斗目标上的集中体现。"从上面的解释我们可以看出，所谓理想，就是建立在现实基础上，指向未来的，有实现可能的向往和追求，即奋斗目标。

理想来源于现实，又超越现实，理想在现实中产生，但它不是对现状的简单描绘，而是与奋斗目标联系的未来的现实，是人们的要求和期望的集中表达，他激励着人们在现实中一步步地为实现理想而奋斗。理想信念对人生历程起着导向的作用，是人的思想和行为的定向器，理想信念一旦确立，就可以使人方向明确、精神振奋，无论前进的道路如何曲折，人生的境遇如何复杂，都可以使人透过乌云和阴霾，看到未来的希望和曙光，永不迷失前进的方向。

只谈理想而不付诸实践，那么所谈的这些也将是一段空话。理想信念对每个人的人生都很重要，但是若想让自己的人生有耀眼的光芒出现，就必须在实际生活中不断实践，用现实证明一切，让理想成为现实。

（2）目标教育。

① 成长需要目标。

成长既是一个自然成长的过程，又是一个社会的教育引导过程。教育的本质属性是它的目的性和计划性，教育所以把目标作为重要内容，是因为人们从经验的角度得出了结论，有了目标就会集中全身心的力量来努力实现目标；有了目标就有了方向，就知道自己应该朝哪个方向努力，这样就更容易走向成功。

人与一般动物的本质区别在于人的理性，而理性的本质特征就是行为的计划性和目的性，属于主观能动性。计划和目的，都是对现实行动的未来设定，都是站在现实中的人对未来的一种设计，这种设计都会指向一个目标，这个目标就是理想。

② 目标确立需要教育。

目标的确立不是一个自然的成长过程，需要社会的教育引导。教育有助于人们确立奋斗目标，尽管有些人的目标与社会教育可能无关，但它必然是社会影响的结果。对于绝大多数人来说，理想的确立与教育有直接关系，是在教育引导下认识了目标的价值意义，认识了人生要有目标的道理，认识了目标有助于人们社会生活的成功，认识了社会具体的价值导向和原则，进而确立起自己的理想目标。为了使教育有更好的效果，往往会用现实中的典型人物来诠释目标志向的作用。

③ 教育的使命之一是引导受教育者确立目标。

教育有许多使命，引导人们确立奋斗目标意义重大。教育要告诉人们很多的道理，比如遵守社会规范，要学会做人，要孝敬父母，等等，但从社会发展的维度，如果能够确立起自己的奋斗目标，那就是最大的成功。对于一个人来说，知道自己的价值追求是什么，知道自己的奋斗目标，这是非常重要的，因为他会为了实现自己的目标而积极努力，在这些事当中必然有社会的要求，民众的希望。假如一个人真的树立了自己的目标，确立了自己的价值追求，他会围绕自己的目标去展开实践，会克服困难去实现目标。

3. 可替代活动

（1）蹲蹲乐（可以替代活动1）。

【辅导要点】

热身活动，营造轻松愉快的课堂氛围，导入活动课主题。

【活动内容】

① 每个同学选择一个词语，代表自己的一个愿望，比如"能歌善舞""颜值爆表"，等等，用这个词语作为自己的"代号"。

② 每个小组的同学站成一圈，轮流介绍自己的代号，如果碰巧用了同一个词，则分成A、B。

③ 先从组长开始，顺时针进行"蹲蹲乐"活动。

例如组长的代号是"能歌善舞"，左手边的同学代号"颜值爆表"，则组长说"能歌善舞蹲，能歌善舞蹲，能歌善舞蹲完了颜值爆表蹲"，每说一句口令下蹲一次。

④ "颜值爆表"同学开始说口令，做动作，传递给下一个同学。

⑤ 打乱顺序活动：随机叫组内某一个成员的代号，进行蹲蹲乐活动。

⑥ 自由发言：活动代码中是否隐含着自己对未来的希望？

⑦ 教师总结：指向未来的期待，并会努力去实现的，就是理想。

（2）理想计划书（可以替代活动3）。

【辅导要点】

请学生根据自己对理想的认识和理解进行思考，并详细进行规划。

【活动内容】

① 每个人填写《理想计划书》。

理想计划书

我的理想	有利条件	存在的困难	克服的方法	大致的计划

② 小组内交流分享。

③ 每组派一个代表参加班内分享。

④ 教师总结：理想不能只是一句口号，要经过严谨思考和判断，还要周密计划，还要落实到实际行动中。

4. 活动记录单

播种理想

我的理想：

如何才能实现这个理想：

1.

2.

3.

4.

5.

第 14 堂

红苹果，绿苹果

自我认识

PSYCHOLOGICAL

DEVELOPMENT

LEARNING

一、活动目的

1. 通过"抓苹果"活动，活跃课堂气氛，导入活动课主题。

2. 通过"我的苹果树"活动，引导学生认识人人都有优点和不足，要全面评价自己。

3. 通过"苹果乐园"活动，引导学生用积极的心态去接受他人的评价，全面了解自己，客观评价自己。

二、活动准备

1. 依据场地条件和班级人数划分小组，每组6~8人，确定组长。

2. 印制活动记录单（见活动素材库）。

3. 书写笔、红绿彩色笔足量。

三、活动过程

【辅导要点】

热身活动，活跃课堂气氛，提出课堂要求，点明本堂课的主题。

【活动时间】

5分钟。

（建议指导语：很多同学喜欢吃苹果，大家喜欢吃红苹果还是绿苹果呢？今天这节课，我们首先来做一个小活动，活动的主题就叫"抓苹果"。）

【活动内容】

（1）小组成员起立围成一圈，将右手伸出掌心向上；伸出左手，掌心向下，叠放在左边同学的右手上方。

（2）老师阅读材料，当老师读到"绿苹果"时，大家保持不动。当老师读到"红苹果"时，大家要努力用右手抓住右边同学的左手，并且不让左边同学抓到自己的左手。

（3）以"红苹果"和"绿苹果"为口令练习3次后开始正式活动，记住自己逃脱几次、抓住几次、违规几次（没听到"红苹果"口令就行动、左手不放到同学的手掌上均为违规）。

阅读材料：

我家院子里种了一棵苹果树，收获的季节，树上结了很多红苹果，但是也有一些绿苹果。我的朋友来家里做客时，妈妈就会摘下一些红苹果给大家吃，后来红苹果吃完了，大家就把绿苹果也摘了下来，可是绿苹果不如红苹果好吃。妈妈说苹果树本来就是既有红苹果又有绿苹果。红苹果美味又营养，红苹果也是绿苹果变来的，如果耐心等待，那么绿苹果也会变成红苹果。

（4）各组反馈活动结果。

（5）自由发言：怎样才能做到不出错、抓得准、跑得快？

（6）教师总结。

【引导要点】

（1）注意力要集中、反应速度要快、遵守活动规则，这些都是顺利完成任务的保证。

（2）如果每个同学都是一个苹果树，红苹果和绿苹果指的会是什么呢？引入活动课主题。

📖 活动 2：我的苹果树

【辅导要点】

通过独立思考、班级分享，引导学生全面评价自己，认识到自己既有优点，也有不足。

【活动时间】

15分钟。

（建议指导语：如果每个同学都像一棵苹果树，那么红苹果和绿苹果就像我们的优点和不足。每棵树都不可能只结红苹果，也不会只结绿苹果。你是一棵怎样的苹果树呢？）

【活动内容】

（1）在活动记录单中的"我的苹果树"中画出5个苹果，中间写上自己的特点。如果是优点就把苹果涂成红色，如果认为是不足，就涂成绿色，最好两种颜色都有，比例没有要求。

（2）小组分享：介绍自己的苹果树，认真倾听小伙伴的介绍。

（3）组长统计：本组同学"红苹果""绿苹果"各有多少个，分别有哪些特点。

（4）教师在黑板上记录。

（注意：最好设计苹果树图案，将学生想到的优点和不足的词语写在里面，总结呈现，提示学生思考优点和不足的角度。）

（5）自由讨论：结合"我的苹果树活动"，说一说应该如何看待自己。

（6）教师总结。

【引导要点】

（1）有的同学看到优点多一些，所以红苹果多；有的同学看到不足多一些，所以绿苹果多。

（2）只看到优点和只看到不足都是不适当的，既有红苹果还有绿苹果才是完整的苹果树。

（3）哪些是优点哪些是不足，有时候判断不清楚，或者还有很多想不到的地方，可以通过交流，彼此借鉴。

📋 活动 3：苹果乐园

【辅导要点】

通过同学互评，引导学生认识到每个人都有优点和不足，学会正确认识自己和他人，积极看待他人对自己的评价。

【活动时间】

15分钟。

（建议指导语：苹果树的果实既要自己画，还要请同学们画一画，看看你的苹果树上到底能够结出哪些果实。我们互相帮助，就会看到一个苹果乐园。）

【活动内容】

（1）小组内每个同学都要给其他同学的苹果树添上两个苹果，一个是红的，写上你认为他（她）最突出的优点；一个是绿的，写上你最希望他（她）能改变或进步的特点（可以参考活动2中总结出的特点词汇）。

（2）活动记录单上写下自己的名字，然后开始传给左边的同学，依次完成。

（注意：如果课堂时间不够，可以在活动记录单的苹果树上事先画好苹果的轮廓。）

（3）在全部完成后，每个同学仔细看自己的苹果树，看看小伙伴们给自己的红苹果和绿苹果都有哪些内容。

（4）组内分享体会：

① 你收到的小伙伴的苹果有没有自己没想到的？你认同这些看法吗？

② 看了别人对自己的评价后有什么感受？

（5）每个小组邀请一个同学分享，尤其是伙伴的看法中有自己没有想到的或者不太认同的（在小组分享时教师通过巡视掌握情况）。

（6）教师总结。

【引导要点】

（1）了解自己的重要途径是听一听别人的看法，无论关系远近，都是自己给别人留下的印象。

（2）看到红苹果和看到绿苹果的感觉可能会不一样，但是绿苹果也许更有营养。

（3）成长的过程就像绿苹果变成红苹果，不断改正缺点、修正不足，也就是在挖掘潜能。

（4）发现优点会使自己变得更有自信，发现缺点会找到努力的方向。

📖 活动 4：总结与延伸

【活动时间】

5分钟。

【活动内容】

（1）自由发言：分享课堂收获。

（2）课后延伸：完善自己的苹果树，借鉴活动2中积累的特征词汇来补充苹果，请家长和老师为自己补充，将完整的苹果树进行装饰，班内可以做苹果乐园主题展示。

四、活动素材库

1. 设计背景

小学中段学生自我认识的水平有了很大的提高，但是依然会存在自我认识角度单一、自我评价不稳定的问题：要么盲目自信，认为自己无所不能，是个"天才"；要么妄自菲薄，认为自己没什么优点，什么事都做不好。不能正确认识和评价自我是许多心理问题的诱因，需要开展相应的辅导。

小学四年级的学生有了相对清晰的是非观，这个阶段的学生对他人的看法逐渐敏感，正向的评价需要甄别，负向的评价要学会接受。正确引导学生明晰自身的优点和不足并正确看待，对健康成长而言很重要。

本堂班会课的主要目标是帮助学生发现并正确看待自身的优缺点，引导学生认识到发现优点使人自信，发现缺点使人找到前进的方向的道理。全面的自我认识和客观的自我评价必须要听取他人的看法和意见。这样可以帮助学生在自信的状态下努力成长，也能够虚心接受意见，不断提升自我，积极主动地成长和发展。

2. 理论支持

（1）自我概念的发展。

进入小学中段，随着儿童表征系统（整合了自我的多方面的宽广、丰富的自我概念）的形成，儿童对自我的判断变得更加实际且平衡。比如，一个八九岁的小学生会这样描述自己："在学校里，我感到自己在某些学科上是相当聪明的，像语文、数学、音乐，我都考了90多分，我真的很为自己感到骄傲。然而，在美术、体育这两科我自己真是挺笨的，我根本不会画画，体育考试我也不如别人。不过，总体上我还是挺喜欢我自己的，毕竟体育美术对我没那么重要，我也不打算当一名运动员或艺术家。"

这种自我描述表明这个年纪的小学生对自己的认识已经不只集中在一个维度上，他已经超出了全有或全无的、非黑即白的自我界定，他认识到，自己在某些科目上是"聪明的"，而在其他一些科目上可能是"很笨的"。他可以更好地用言语来描述自我概念，也可以权衡自我的不同方面，并通过与其他人比较去判断自己是否达到社会标准，所有这些变化都有助于自尊的发展以及对整体自我价值感的评价。

（2）自尊与胜任感。

自尊是指对自我的评价而产生的一种自我价值感。从7~8岁开始，儿童的自尊至少分化为学业成就的自尊、社会交往的自尊和身体的自尊。随着年龄的增长，这三种自尊又进一步分化。

根据埃里克森的观点，儿童自尊的一个主要决定因素是儿童是否认为自己有能力产生有价值的成果。儿童中期的主要危机是勤奋对自卑，儿童需要学习他们所处社会中的有价值的技能。成功地解决这一阶段的危机之后发展出来的品质或者优点是"胜任感"，它是儿童对自己能否掌握技能和完成任务的评价。

这种"胜任感"的形成与学生的成就归因（即一个人对自己的成功或失败的原因的理解）密不可分，归因的方式主要有四种：努力（或缺乏努力）、能力（或缺乏能力）、运气（好或坏）、任务难度（困难或容易）。如果学生认为成功并不代表自己的能力，那么努力也改变不了失败。久而久之，就会出现"习得性无助"，问题可能逐渐泛化，直至丧失信心，表现出自卑、厌学等状态。因此，明晰学生自身的优缺点，有助于学生增强"胜任感"，对自尊的发展有积极的促进作用。

（3）可以用于自我评价的词汇。

优点：开朗、快乐、幽默、勤劳、节俭、能干、头脑灵活、爱学习、爱运动、爱看书、有理想、有人缘、文明有礼、有胆量、讲义气、关心集体、尊敬老师、遵守纪律、表达能力强、喜欢交朋友、做事不慌张等。

不足：爱哭、自私、贪玩、胆小怕事、爱打架、脾气不好、爱欺负别人、喜欢嘲笑别人、爱说谎、没礼貌、不讲卫生、做事粗心大意、判断力差、不爱读书、不爱劳动、不喜欢参加集体活动、自理能力差等。

3. 可替代活动
（1）小苹果（可以替代活动1）。

【辅导要点】
热身活动，创造轻松的课堂氛围，引入活动课主题。

【活动内容】
① 一个小纸箱，顶部掏出一个圆孔，可容纳一只手的进出。
② 一个红苹果、一个绿苹果，放入纸箱内。
③ 准备视频舞蹈《小苹果》（也可以是设定的舞蹈动作）。
④ 每个小组选派一名同学上台参加游戏，从纸箱中抽取苹果，如果抽到红苹果就要迅速说出自己的一个优点；如果抽到绿苹果就要迅速说出自己的一个缺点；十秒钟内如果说不出来，就要表演一段舞蹈《小苹果》。
⑤ 教师总结，导入活动课主题。
（2）绿苹果变变变（可以替代活动3）。

【辅导要点】
引导学生结合自身的不足和小组成员的优点，思考让自己变得更优秀的具体方法。

【活动内容】

① 小组成员相互交流各自的优点。

② 每位同学从小组其他成员身上分别选择一个自己不具备的优点，作为自己的"绿苹果"。

③ 思考将绿苹果变成红苹果的方法。

④ 小组交流，给没能完成方案的伙伴提出建议，帮助每位同学想出实现目标的具体方法。

⑤ 自由分享活动感受，教师总结。

相信自己是快乐的源泉；学习别人是为了提高自己，而不是把自己变成别人；人无完人，金无足金，要不断丰富和发展自我。

4. 活动记录单

我的苹果树

我的名字：＿＿＿＿＿＿＿

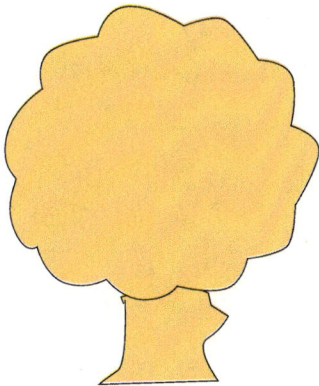

第 15 堂

好脾气，坏脾气
情绪调节

PSYCHOLOGICAL
DEVELOPMENT
LEARNING

一、活动目标

1. 通过"情绪速绘"活动，了解自己和伙伴常见的情绪状态，以及不同的表达方式，活跃课堂气氛，导入活动课主题。

2. 通过"我的'脾气分'"活动，分析在遇到伤害和委屈的时候不同性格的人的不同体验和表达方式，即好脾气与坏脾气的差异，以及应该如何正确理解他人的情绪表达。

3. 通过"情绪解锁"活动，分析如何正确表达自己的不满和愤怒，学习适度表达情绪和自我调节的方法，提高情绪管理能力。

二、活动准备

1. 依据场地条件和班级人数分组，每组6~8人，确定组长。

2. 每人一个乒乓球。

3. 印制活动记录单（见活动素材库）。

4. 每组书写笔足量，彩笔一筒（筒以透明塑料的为宜）。

三、活动过程

📖 活动 1：情绪速绘

【辅导要点】

以彩绘的形式来表现好脾气与坏脾气时的情绪状态，发挥学生的创造力，调动积极性，引出活动课主题。

【活动时间】

8分钟。

（建议指导语：今天的班会课要看看大家的艺术表现力，我们用独特的方式来描绘一下好脾气和坏脾气，期待同学们能创作出精彩的作品。）

【活动内容】

（1）为每位同学分发一个乒乓球，请同学选择自己喜欢的彩笔在乒乓球上画出好脾气、坏脾气脸谱。

（2）绘制程序：

① 学生两两一组，如果小组内出现单数，与其他小组成员结对，仍有单数，可以请教师帮助完成任务。

② 请结对的伙伴互相做情绪"模特"，先做出好脾气的情绪脸谱，再做出坏脾气的情绪脸谱，观察的一方迅速在乒乓球的两侧创作出两幅脸谱图简图（提醒学生要用最简单的线条快速绘制）。

（3）将绘制好的乒乓球放到各组的彩笔筒内，一侧是好脾气脸谱，一侧是坏脾气脸谱。

（4）组长依次展示各组的作品筒，可以选出传神的作品，发给小奖品。

（5）自由分享活动感受（可以随机采访在绘制过程中遇到困难的孩子和脾气急躁的孩子）。

【引导要点】

（1）肯定学生的认真参与：虽然绘画能力有差异，但是只要认真完成就很棒，尤其是互相帮助的同学要表扬。

（2）好脾气和坏脾气的表情各异，但是给人的感觉很相似，好脾气会让人感到更舒服。

（3）在完成活动的过程中就很容易发现有的同学脾气很好，有的同学容易急躁。

（4）是不是总是好脾气就是对的，坏脾气就不对呢？这是本堂课要讨论的主题。

📖 活动 2：我的"脾气分"

【辅导要点】

结合自身的生活体验，分析好脾气和坏脾气的原因以及特点，思考性格特点与情绪表达之间的关系，认识适时适度表达情绪是重要的能力。

【活动时间】

17分钟。

（建议指导语：生活中我们难免会遇到一些令人生气的事情，生气的时候你会怎样表达呢？你是一个好脾气的孩子还是坏脾气的孩子呢？你的想法别人能否读得懂呢？）

【活动内容】

（1）在活动记录单上完成自我小诊断。

① 回想一件让自己很生气的事情，想想当时你是如何应对的。

② 从这件事情上，看自己的脾气会怎么样？

如果最好的脾气得分是1，最坏的脾气得分是10，自己的"脾气分"是多少？

（2）组内交流自己的诊断结果，包括所依据的生活事件。

（3）伙伴互评：将自己的活动记录单向右侧传递，依次给小伙伴的脾气评分。

（4）计算包括自己的评价在内的所有"脾气分"的平均值，即是自己的"脾气分"。

（5）找到本组最低和最高的"脾气分"。

（6）小组讨论，组长做好记录。

结合对本组得分最低和最高的同学的了解，分析以下问题：

① 为什么大家的脾气不一样？

② 脾气的"好"与"坏"一般是指什么？

③ 好脾气和坏脾气的人表现有什么不一样？结果又会如何呢？

（7）组长代表发言（如果时间有限，可以每两个小组主要回答一个问题，其他小组补充不同意见）。

（8）教师总结。

结合学生的发言总结和引导。

【引导要点】

（1）好脾气和坏脾气一般指的是脾气属于和缓稳定还是属于暴躁易怒，这是性格特点。

（2）性格特点有与生俱来的原因，也与不同的教育和训练有关。

（3）一般而言，好脾气的人情绪更稳定，容易与人相处；坏脾气则容易和别人发生冲突，使简单的问题复杂化。

（4）性格差异无好坏之分，好脾气也不是绝对的优点，坏脾气也不一定都是缺点，都有需要注意和调整的角度。

📋 活动 3：情绪解锁

【辅导要点】

通过进一步讨论和分享，引导学生思考如何实现情绪的表达与内心想法的一致性，了解自己的情绪表达特点和情绪识别能力，学习理智地调控自己的情绪。

【活动时间】

10分钟。

（建议指导语：情绪其实是自己的想法和态度。如果我们对一个人了解得不充分，很有可能会仅凭情绪的表达方式而错误地理解了对方的想法，所以脾气太好或者太坏，都有可能造成误会和矛盾，应该怎么办呢？）

【活动内容】

（1）小组讨论：

① 脾气太坏可能会有什么烦恼？

请脾气分偏高的同学主要分享。

② 脾气太好可能会有什么烦恼？

请脾气分偏低的同学主要分享。

③ 如何调节情绪才能减少烦恼？

（2）班内分享：请每组得分最低和最高的同学代表发言，举例说明。

（3）教师总结。

【引导要点】

（1）脾气太坏会因为情绪过于强烈，使问题转移，自己的真实想法被忽略（如被老师误会违反纪律，过于愤怒，会被老师认为太不礼貌而被批评）。

（2）脾气太好容易过于忍耐和克制，不表达自己的想法，其他人无从知晓，从而出现持久的误解（如被朋友起绰号，自己很不喜欢，但是没表达，结果被认为不在意而散播得更广泛）。

（3）情绪调节的智慧不仅仅是控制过激的情绪，还有要主动表达自己的真实情绪。

（4）在学会控制自己行为的同时，还要认真观察周围的人。结合他们的性格特点分析其情绪背后的真实想法。

（5）无论是什么原因导致的不良结果都要积极弥补，比如乱发脾气的孩子事后要道歉。

📋 活动 4：总结与延伸

【活动时间】

5分钟。

【活动内容】

（1）将自己绘制的情绪脸谱小球进一步修改和装饰，送给"模特"同学，作为本堂课的小礼物。

（2）课后延伸：完成自我分析作业，结合课堂内容想一想自己在情绪表达和情绪识别方面存在哪些不足，应该如何调整，可以与情绪脸谱小球一起制作成自我提醒的小书签。

四、活动素材库

1. 设计背景

小学中段学生的自我意识迅速增长，自我反省能力提高，对外界信息的采集更加丰富，敏感度也显著提升，均促进着情绪的发展。这个年龄阶段的孩子情绪尚未稳定，情绪表现易冲动，呈现两极化表现形式。情绪管理的意识淡薄，能力发展有限，容易被情绪左右，而且个体差异显著。

情绪的表达和识别能力偏低会影响学习、人际关系及生活质量，因此本堂课以如何正确认识好脾气和坏脾气为出发点，引导学生认识情绪的表达以适度为基本标准，情绪的识别要结合对方的性格特点和具体情境考虑。结合学生自身的情绪特点，增进对自己和对他人的理解，变通地看问题，提升管理情绪的主动意识，促进学生主动学习情绪管理的知识和技能。

2. 理论支持

（1）关于愤怒情绪。

当体验愤怒情绪时，会产生一系列的身体反应：脸色变红、眉头紧锁、拳头紧缩、心跳加速、出汗、身体变得僵硬、嗓门越来越大，等等。出现不满、委屈、想发脾气等心理反应。愤怒之后，悲伤、恐惧等负面情绪也很有可能会随之而来，不及时调整会给人带来很大的伤害。

小学三、四年级的学生正处于心理发展的过渡期，自我意识、独立意识逐渐增强，成长中面临各种课题而产生的烦恼和焦虑，也随着年龄的增长而增多。学业压力、同伴关系、亲子关系、师生关系、自我概念等方面的烦恼逐渐增多。当消极情绪积聚过多而无法排解的时候，就会造成情绪困扰，表现出"坏脾气"，一些看似微不足道的原因很有可能是诱发孩子们愤怒情绪的源头，例如别人弄脏了自己的物品，被误会自习课讲话，父母师长不守信用，同学间的不友好，等等。

对孩子们来说，当他们愿望的实现受到阻碍的时候，愤怒的情绪会随之产生。愤怒情绪往往被认为是最不能被接纳的情绪，其实愤怒也是情绪表达的一种方式，其背后的原因是缺乏对消极情绪体验的认识以及缺乏积极而有效的应对方式。

（2）情绪过激的调节。

情绪过激的调节以既不伤害他人也不伤害自己为前提，可以采用一些积极而有效的方式去缓解愤怒情绪，战胜坏脾气。

① 合理表达情绪。

要注意表达的方式和场合，比如可以在适当的场合大哭一场；遇到委屈后向适当的人，比如自己的亲人、朋友表达自己的愤怒。

② 转移注意力。

做一些自己喜欢的事情，如看喜欢的书、听喜欢的音乐、参加体育运动等，分散注意力，情绪平静一些再解决问题。

③ 积极的心理暗示。

告诉自己坏脾气是暂时的，我一定能够克服这个困难，现在要让自己冷静下来，开始深呼吸。

④ 理智控制法。

当生气时最好先想想以下问题：我为什么生气？这事或这人值不值得我生气？生气能解决问题吗？生气对我有什么好处？

可以在即将动怒时对自己下命令：不要生气！坚持1分钟！1分钟坚持住了，好样的，再坚持1分钟！2分钟都过去了，为什么不再坚持下去呢？！

⑤ 心理换位法。

想象并体验一下对方的角色，他那样的人在那种状态下会有的情绪与想法，能够理解也就可以接纳。

（3）情绪觉察和表达。

情绪觉察和表达是情绪的两个相互影响的重要方面，人的情绪只有准确觉察才能更好地表达，而准确的情绪表达又有利于更好地察觉情绪。情绪的觉察相对来说是内隐行为，很难量化和表现出来；情绪的表达相对来说是外显的行为，可以通过言语、肢体动作和想象等表现出来。

常用的辅导方法有：

① 表情模仿活动：互相模仿，提供更多观察情绪表达的机会。

② 情绪表述训练：增加描述情绪的词汇，理解情绪并表达情绪。

③ 情景体验：假设情景，以角色设定的方式体验情绪，并进行表达。

④ 实际训练：交往过程中获得情绪体验、理解他人情绪，表达自己的情绪，提供练习机会，并进行分享、讨论与辅导。

3. 可替代活动

（1）呼吸机（可以替代活动1）。

【辅导要点】

通过1分钟呼吸活动，引导学生体验呼吸次数上升的身体感受，与强烈情绪的感受比对，引出活动课主题。

【活动内容】

① 正常情况下自己1分钟呼吸的次数。

② 1分钟自己最多可以呼吸的次数（可以统计组内每分钟呼吸次数最多的同学，请其分享感受）。

③ 体验一下身体的感受，自由分享。

④ 猜一猜我们很生气的时候，身体的感受类似于每分钟呼吸多少次呢？

⑤ 研究者给出的数据为愤怒时，每分钟呼吸40次左右。

⑥ 坏脾气会损害人的身体健康，然而，究竟应该如何看待坏脾气和好脾气呢？仅仅从数据的角度看还不够，要进一步分析和讨论。

（2）"智者爱地巴"（可以替代活动3）。

【辅导要点】

引导学生思考愤怒情绪的影响以及如何有效地调节情绪。

【活动内容】

① 故事呈现：

有一个叫爱地巴的智者在生气的时候会做同一件事，估计你很难猜到！

在古老的西藏，有一个叫爱地巴的人，每次生气的时候就以很快的速度跑回家去，绕着自己的房子和土地跑三圈，然后坐在田地边喘气。爱地巴工作非常勤奋，他的房子越来越大，土地也越来越多。但不管房子和土地有多大，只要与人争论生气，他还是会绕着房子和土地跑圈。爱地巴为何每次生气都绕着房子和土地跑圈呢？

② 自由发言：猜一猜，爱地巴为什么这样做呢？

③ 故事后续：

爱地巴很老的时候，经不起孙子的恳求，终于说出了隐藏在心中多年的秘密。他说："年轻时，我一和人吵架、争论、生气，就绕着房子和土地跑三圈，并边跑边想，我的房子这么小，土地这么小，我哪有时间、哪有资格去跟人家生气。一想到这里，气就消了，于是就把所有的时间都用来努力工作。"孙子问道："爷爷，您年纪大了，又成了富有的人，为什么还要绕着房子和土地跑？"爱地巴笑着说："我现在还是会生气，生气时绕着房子和土地走圈，边走边想，我的房子这么大，土地这么多，我又何必跟人计较？一想到这里，气就消了。"

④ 小组讨论：结合故事讨论如何看待愤怒，愤怒可能造成的影响，如何才能调整糟糕的情绪。

⑤ 班内分享，教师总结（参考活动素材库的相关内容）。

4. 活动记录单

我的"脾气分"

回想一件让自己很生气的事情，想想当时你是如何应对的。

如果最好的脾气得分是1，最坏的脾气得分是10，＿＿＿＿＿（你的名字）的"脾气得分"是多少？

评分人	评分	评分人	评分
自评		4	
1		5	
2		6	
3		7	

我的脾气分：_____（计算所有评分的平均值。如果再请好朋友、老师、父母家人给评分，结果可能会更准确！）

小组讨论：

① 为什么大家的脾气不一样？

② 脾气的"好"与"坏"一般是指什么？

③ 好脾气和坏脾气的人表现有什么不一样？结果又会如何呢？

情绪解锁

① 脾气太坏可能会有什么烦恼？

② 脾气太好可能会有什么烦恼？

③ 如何调节情绪才能减少烦恼？

第 16 堂

感恩课堂

人际关系

PSYCHOLOGICAL

DEVELOPMENT

LEARNING

一、活动目的

1. 通过 "'1、2、3'，一起来" 活动去体验互助，活跃课堂气氛，导入感恩主题。

2. 通过 "温暖放大镜" 活动，寻找自己得到的抚育、关心和爱护，探讨什么是"恩"。

3. 通过 "感恩通道" 活动，引导学生讨论该如何感恩，并结合自己的实际情去况制订实施计划。

二、活动准备

1. 依据场地条件和班级人数分组，每组6～8人，确定组长；桌椅马蹄形摆放，中间预留活动空间。

2. 每组一张8开白纸，每人两张彩色贴纸。

3. 足量的书写笔和彩色笔。

4. 印制活动记录单（见活动资料库）。

三、活动过程

📖 活动 1："'1、2、3'，一起来"

【辅导要点】

团体互助活动，活跃课堂气氛，导入活动课主题。

【活动时间】

5分钟。

（建议指导语：今天的班会课开始之前，我们来做一个互助小活动，叫作"'1、2、3'，一起来"，希望你能认真参加，和小伙伴一起感受快乐！）

【活动内容】

（1）活动规则。

① 全班同学平均分成两组，围成内外两圈，相对而立。

（注意：如果场地不允许也可以两两结对完成，出现单数可以与老师结成一对。）

② 听到老师说口令"1、2、3"时，全体同学说"一起来"。

③ 听到老师说口令"1"时，外圈的同学给内圈的同学拍拍肩，帮助你的小伙伴放松。

④ 听到老师说口令"2"时，内圈的同学给外圈的同学拍拍肩，帮助你的小伙伴放松。

⑤ 听到老师说口令"3"时，外圈和内圈的同学互相鞠躬，说"谢谢你"。

⑥ 提醒学生，口令会随机发出，要集中注意力才能准确完成。

（2）开始活动，可以先顺次练习，再打乱口令顺序，先慢后快。

（3）自由分享：随机请2～3个学生说说活动感受。

（4）教师总结。

【引导要点】

（1）生活中有很多事情需要互相帮助，乐于帮助别人和主动表达感谢，都会被别人喜欢。

（2）对于别人的善意对待和帮助，要能够识别，懂得回报（导入活动课主题）。

📖 活动 2：温暖放大镜

【辅导要点】

通过"温暖放大镜"活动，引导学生从亲身经历的事情当中，认真思考和感受他人对自己的关爱。

【活动时间】

15分钟。

（建议指导语：每一个生命从小长到大，都要有很多人的养育、照护、关心和帮助，有时候会因为这些事情太小太平常，就被我们忽略了，今天要给同学们一个"放大镜"，仔细找一找，到底都有谁曾经给我们带来"温暖之恩"呢。）

【活动内容】

（1）小组讨论：在我们长大的过程中，都得到过哪些帮助？

（2）组长组织讨论，每一个同学都要发言，可以请一个助手，一起将同学们说到的内容简单地记录下来。

（3）组长代表小组发言，教师做简单的记录。

（4）教师总结。

结合学生发言归纳：主要有父母、长辈、老师以及同学、朋友，还有好心的邻居、不认识的陌生人以及学校、社会机构和国家，等等。

（5）自由讨论：什么是"感恩"？

（6）教师总结。

结合学生的发言引导。

【引导要点】

（1）"恩"指周围的人和事物给自己带来的恩惠和方便，是温暖的感觉。

（2）"感恩"是对温暖的关心和爱护的回应，是美好的情感。

（3）懂得"感恩"是做人的基本修养，要从小培养。

📖 活动 3：感恩通道

【辅导要点】

讨论感恩的基本途径和方式，认识到不但要有感恩之心，更要有具体的行动，思考如何表达感恩之情。

【活动时间】

15分钟。

（建议指导语：我们都说要心怀感恩，但是要如何做到呢？接下来说一说你的、我的还有他的想法，大家互相交流看看能得到哪些通道，帮助你成为懂得感恩的孩子。）

【活动内容】

（1）请每一位同学利用彩色贴纸制作一张"感恩贴"，注明感恩对象和感恩表达的方法，可以写也可以画，完成后贴在本组的8开白纸上（如果有小的画写板也可以用）。

（2）小组的"感恩贴"内容粘贴完毕后，在班内展示和交流。

（3）教师总结。

结合学生的感恩贴内容进行引导。

【引导要点】

（1）感恩的表达既要有"心"，还要有"行"。

（2）感恩表达的基本形式是对给予自己"温暖的恩情"的人主动表达感谢。

（3）感恩表达的升级形式是做好自己该做的事情，培养独立性和勤奋精神。

（4）感恩表达的高级形式是做力所能及的回报的事情。

（5）回报亲人朋友、老师同学、学校、社会和国家，随着自己的渐渐长大，能力越强回报越多。

圖 活动 4：总结与延伸

【活动时间】
5分钟。

【活动内容】
（1）自由分享：说一说你对感恩的新认识。
（2）课后延伸：制作"感恩计划书"。

结合课堂中学习的内容，以感恩父母为主题，制订一份如何表达感恩的计划书，需要条目清楚，操作具体。计划书要和父母讨论、修改，确定后签字，交给老师保存。每周进行一次自我评估和家长评估，坚持2个月，开总结班会。

四、活动素材库

1.设计背景

随着经济的发展，家庭能给孩子的物质保障越来越多，许多孩子在父母和长辈的过度关心下变得越来越以自我为中心，感恩行为与意识都比较缺乏。小学生中普遍存在为自己考虑过多，很少顾及他人的感受，甚至认为很多东西都是自己理所当然该拥有的。不懂得感谢别人的帮助，不珍惜别人的劳动成果，缺乏感恩之心，这样的孩子人际关系会越来越紧张，很难健康长大。所以，适时适度地引导和教育孩子学会感恩，培养感恩的意识和行为是小学生成长辅导的重要内容。

本堂班会课针对小学中年级学生设计，目的在于引导学生理解"感恩"的含义，鉴别什么是"恩"，如何去"感"。结合学生的年龄特点引导其认识感恩的三个水平，激励学生与周围人友善相处，并以感恩为动力，实现积极发展。

2. 理论支持

（1）感恩。

感恩是指个体感知到周围的人和事物给自己带来的恩惠和方便，由此产生积极的情感体验，并希望给予回馈的一种心理活动。感恩是人的一种美好情感，是每个人都应坚守的基本道德准则，也是做人的基本修养。感恩是一种独立意识、责任意识、自尊意识和健全人格的表现。同时，感恩也是一种生活的哲学，它能改变我们的心态，让我们积极地看待生活。

（2）感恩教育。

感恩教育是一种基于道德情感的教育，是教育者运用一定的教育方法和手段，通过一定的教育内容，让受教育者识恩、知恩、感恩、报恩和施恩的人文活动。

感恩教育包括三个层面：一是认知层面，即让受教育者发自内心地感受到他人对自己的关爱和帮助；二是情感层面，即受教育者在识恩、感恩的基础上，自然而然地感受到快乐、温暖和幸福；三是实践层面，即受教育者在情感的影响下，自觉地将情感转化为对他人的回报行为。

在整个感恩教育活动当中，感恩的情感贯穿于整个活动当中，让一个人的知、情、行三方面相互影响，不断深化。在小学阶段，感恩教育主要体现在学校有目标、有计划地创造条件，让小学生感受到父母、老师、同伴、集体、社会，甚至大自然对自己的恩情，并通过自己的实际行动去回报这些恩情。

（3）感恩教育的意义。

感恩是德育教育关注的内容，同时也具有心理学上的意义。

① 感恩是正面积极的肯定。

一个人能够对他人心怀感恩，说明认可对方为自己做的善意的事情，会强化善意行为，促使其做得越来越多。反之，对方会对自己的行为产生疑问，不知道这样做到底对不对，可能会逐渐减少善意行为。如果希望周围的人是善意友好的，那么自己首先要学会感恩。

② 感恩影响生活质量。

幸福感是一种主观的感受，对于别人对自己的帮助，如果心怀感恩，就会感受到周围的人和事都是友好的；如果不屑一顾，认为不值得一提，那么就会感受到周围的人和事是冷漠的。所以说，心怀感恩不仅是对别人的回报，也是提高自己生活质量的方式。

③ 感恩促进人际关系。

人是一种社会性的动物，人与人的关系是相互的。感恩是一种很好的黏合剂，它能让人与人的关系更加紧密。当有人给予我们帮助时，我们会感恩于他，并回报以友好的言行。同时，对方也能感受自己的行动受到了认可，得到了尊重，也会乐于与我们维持良好的关系。

（4）如何培养感恩行为。

小学阶段感恩教育非常重要，学校应该与家庭、社会互相配合，对小学生的感恩意识、感恩能力和感恩行为进行培养，引导孩子们对父母、老师、同学、社会甚至整个大自然心怀感恩，并将这种感恩的情怀付诸实际行动。

① 营造良好的感恩环境。

良好的环境会潜移默化地熏陶学生，给学生以积极的影响。所以学校可以进行相关的宣传，班级多开展类似的活动，教育学生知恩图报，有一颗感恩的心，做一个感恩的人，在长大之后要怀着一颗感恩的心走进社会。

② 注重家庭良性影响。

家长对孩子的影响是最为持久和深远的。学校可以邀请专家为学生家长开展讲座，介绍家庭感恩教育的方法，宣传并开展感恩教育活动，加强家长对孩子行为的督促和评价。

③ 科学地培养感恩行为。

感恩不仅仅表现在情感态度上，还要表现在行动上。感恩行为可大可小，它不仅仅是去做一件专门的感恩的事，更需要的是日常的，常态化的感恩行为，例如，孝敬父母长辈、尊重老师的劳动成果，关心曾经帮助过自己的朋友等，这些都是感恩的表现。此外，感恩行为不能三天打鱼两天晒网，既然开始了就应该坚持下去。可以采用"认知—行为—反思"的模式，促进学生感悟、内化感恩。在这个过程中要抓住两个转化，即认识向行为的转化和行为向习惯的转化。

3. 可替代活动
（1）感恩的心（可以替代活动1）。

【辅导要点】
通过手语歌曲《感恩的心》，学习手语中"感恩的心"如何表达，以及手势的内涵，导入课程主题。

【活动内容】
① 找到并播放《感恩的心》视频（网络资源）。
② 学习"感恩的心"的手语表达，分析手势的含义。
③ 导入活动课主题。
（2）感恩心意卡（可以替代活动4）。

【辅导要点】
为自己要感恩的人制作一张感恩心意卡，表达感恩之情。

【活动内容】
① 分别从父母长辈、老师、同学朋友当中选一个人，为其制作心意卡。
② 课后可以把这张感恩心意卡送给相应的人，请他（她）给自己写下反馈留言。
③ 在班内进行感恩心意卡主题展示活动。

第17堂

逃生训练营

生活适应

PSYCHOLOGICAL

DEVELOPMENT

LEARNING

一、活动目的

1. 通过"自护战队"活动进行小组建设，创设活动氛围，明确课堂规则。

2. 通过"逃生知识库"活动引导学生认识逃生知识的学习和积累的重要性。

3. 通过"灾难防护实战"活动，以掌握地震时的自我防护知识为导引，提升学生培养自护能力的主动意识。

二、活动准备

1. 班级学生分5组，注意男女生比例均衡，民主选举组长。

（注意：分组结合活动 1 进行。）

2. 每组准备板夹1个，答题纸1张，粗头水笔1支。

3. 口哨或铃铛一个。

4. 准备自然灾害知识问答题。

5. 查找地震中自我防护的图片、漫画等。

6. 小奖品若干。

三、活动过程

📋 活动1：自护战队

【辅导要点】

进行小组建设，活跃课堂气氛，导入课程主题。

【活动时间】

8分钟。

（建议指导语：欢迎大家来到"逃生训练营"，老师是"教官"，今天我们将通过"战队"赛的方式来学习和交流有关逃生与自我救护的相关知识，首先我们要组建"自护战队"。）

【活动内容】

（1）男女生分别1～5报数，组成五个小组，即"逃生战队"。

（2）民主选出战队队长，队长带领本队成员在2分钟内命名队名和口号，要求队名和口号与逃生主题相关，将确定的队名和口号写在本组的板夹上。

（3）战队展示，各队队长宣布本队队名和口号。

（4）教师明确"逃生战队赛"规则：

① 比赛共有两轮，"逃生知识库"和"防护实战"，竞赛总分包括两轮比赛得分减去违反规则分。

② 两轮比赛排名累加，排第一位的100分，之后顺次减掉10分，至第五名为60分。

③ "教官"的哨子（或者铃铛）就是结束命令，哨声响起，讨论、答题都要结束。

凡有违规行为，出现一次计5分，比赛最后从总分里扣除相应的规则分。

圖 **活动 2：逃生知识库**

【辅导要点】

通过故事引导，促进学生对自然灾害知识的重视，以问答题的形式，帮助学生掌握自然灾害的基本常识。

【活动时间】

15分钟。

（建议指导语：同学们对自然灾害是否有一些了解呢？了解自然灾害的常识到底有什么用呢？我们进入逃生知识库。）

【活动内容】

（1）故事园地。

①讲述蒂莉·史密斯的故事：

在2004年12月26日印度洋的海啸灾难中，10岁的英国小姑娘蒂莉·史密斯凭借自己的所学挽救了大批游客的生命。海啸来袭前，蒂莉·史密斯跟爸爸妈妈在泰国度假胜地——攀牙湾游玩。史密斯回忆当时的情景说："我正在沙滩上玩，突然发觉海水变得有些古怪。海面上出现了不少的气泡，潮水也突然退了下去。我感觉可能会有海啸发生，就告诉了妈妈。"在听完孩子的叙述之后，这位母亲立即和所在海滩饭店的泰国工作人员一起，将海滩边所有游客及时疏散到了安全地区。就在大家离开海滩后几分钟，巨大的海浪突然朝岸边袭来，造成了不小的破坏，但万幸的是没有出现人员伤亡情况。拜蒂莉所赐，麦拷海滩最终成为了泰国普吉少数几个在海啸中没有出现人员伤亡的海滩。在听到自己学生的救人之举之后，蒂莉的老师安德鲁·卡尼非常高兴，连声赞扬学生的反应敏锐。他说："蒂莉是一个聪明而且头脑冷静的孩子……这真是不可思议的巧合，我们在圣诞

第 17 堂　逃生训练营

节两周前刚刚在课上讲过这种类型的海啸。"

② 谈谈你对这个故事的感受。

引导学生说一说掌握灾难与逃生知识的重要意义。

（2）"逃生战队赛"之一：你知道的自然灾害有哪些?

① 以战队为单位，集合队员的知识，尽可能多地列出自然灾害的种类。

② 小声讨论，注意信息保密，将结果写在小组活动的记录单上。

③ 限时3分钟，哨声响起即停止讨论和书写。

④ 按照有效答案数量排列顺序。

⑤ 注意遵守规则，出现违规（看别的小组的答案、哨声响起不停止讨论和书写）每人次扣5分。

（3）小组展示题板上的答案，教师记录每组的有效答案数量，排出名次。

（4）教师总结。

【引导要点】

自然灾害是指给人类生存带来危害或损害人类生活环境的自然现象，包括：

（1）气象灾害：干旱、洪涝、台风、冰雹、暴雪、沙尘暴等。

（2）地质灾害：火山、地震灾害，山体崩塌、滑坡、泥石流等。

（3）海洋灾害：风暴潮、海啸等。

（4）森林、草原火灾和重大生物灾害等。

📖 **活动 3：灾难防护实战**

【辅导要点】

以灾害逃生知识竞赛的形式，引导学生关注逃生常识的学习和积累，提高自我防护的主动意识。

【活动时间】

12分钟。

（建议指导语：了解了灾难的种类，接下来，我们要进入第二轮比赛，看看同学们掌握的具体逃生常识水平如何。）

【活动内容】

（1）"逃生战队赛"之二：灾难防护实战知识竞赛。

活动规则：

① 教师呈现10道有关灾难逃生的选择题，各队将答案写在题板上题目对应的方框中。

② 答题时间30秒，哨声响起，队长举起题板。

③ 答题正确得10分，不正确不加分，如有违反规则（哨声响起不举题板或反复修改）者扣规则分。

（2）灾难防护实战知识竞赛例题（教师可以根据需要自行调整）。

单选题：

① 地震分为多少级？（B）

A.8级　B. 10级　C. 12级

② 通常人们能够感觉到的地震是？（A）

A. 3级以上　B .5级以上　C. 8级以上

③ 地震来临时哪些地方比较安全？（C）

A. 大楼都有坚实的地基，所以楼群里比较安全

B. 地震吃硬不吃软，所以土质松软的地区更安全

C. 路面坚实，空旷的地方通常比较安全

④ 如果发现邻居发生火灾，要及时报警，报警电话是（B）。

A. 120　B. 119　C. 110

⑤ 小东家发生火灾，他身上的衣服着火了，他应该采取的正确灭火方法是（C）。

A. 用手拍打身上的火　B. 赶快脱掉衣服　　C. 就地打滚压灭身上火苗

⑥ 油锅起火时，正确的灭火方法是（A）。

A. 把锅盖盖上　　B. 赶快把锅端起来　　C. 往锅里倒水

⑦ 影院、商场、宾馆等公共场所都设有消防安全标志，标志的颜色不同，表示的意义也不同，绿色表示（C）。

A. 禁止　　B. 火灾爆炸危险　　C. 安全和疏散途径

⑧ 如果不幸溺水，当有人来救时，应该（B）。

A. 紧抓住来人的胳膊或腿　　B. 身体放松，让来人托着　　C. 双手抱住来人的身体

⑨ 在野外遇到雷雨时，不容易出现危险的做法是（A）。

A.双腿并拢，蹲下身子　　B. 躲在大树下　　C. 站在原地不动

⑩ 高层建筑发生火灾时，应立即（B）。

A. 乘电梯逃离现场　　B. 沿防火通道朝楼下跑　　C. 打开窗户跳下去

（3）每道题呈现并回答后，公布正确答案，计分，请答对的小组为答错的小组简单解释原因。

（4）计算本轮成绩排名，与第一轮排名累加，算出综合排名，赋分。减去违规的分数，得到每个战队的最终成绩。

（5）为优胜"逃生战队"颁发小奖品（如果出现并列优胜，则均发放奖品）。

（6）请队长发表活动感言。

（7）教师总结。

【引导要点】

（1）比赛仅仅是一种促进同学们关注逃生知识学习的方法，结果并不重要。

（2）很多同学掌握的逃生知识很丰富，课堂时间有限，题目的代表性也有限。

（3）关键是在今后的生活中要有意识地了解灾难防护的常识，这是生存能力的基础。

（4）之后要通过逃生知识讲堂活动，请同学们为我们带来更多的有用的逃生常识。

📖 活动4：总结与延伸

【活动时间】
5分钟。

【活动内容】
（1）自由分享：谈谈自己在这堂课中的收获。
（2）课后延伸：搜集灾害自护知识，学习并完成一份"逃生知识简报"，在班级内进行简报展示与学习。

四、活动素材库

1. 设计背景
孩子们在居家生活、上学、出行、集会、旅游、体育锻炼等过程中，都有可能遇到各种不安全因素。自然灾害（如地震、洪水、风暴等）、人为灾害（如火灾、重大交通事故等）的发生对儿童的生命安全构成很多威胁。面对纷繁复杂的世界，仅仅依靠社会、学校、家长的保护还远远不够，更重要的是引导孩子树立自护自救观念，形成自护自救意识，掌握自护自救知识，锻炼自护自救能力，使他们能够果断正确、机智勇敢地处置遇到的各种异常情况或危险。

本堂课以小组比赛形式呈现，在课程的初始阶段，通过小组建设提升组内成员的合作意识，创设课堂氛围；再通过故事的呈现引导学生意识到掌握灾害知识的重要意义；而后以小组赛的形式帮助学生了解自然灾害常识以及灾难自护的一些知识，最后以自然灾害、人为灾害的自护为课堂延伸，促进学生自主学习灾难防护知识，并互相交流和学习。

2. 理论支持

（1）自然灾害。

它是指给人类生存带来危害或损害人类生活环境的自然现象，包括干旱、洪涝、台风、冰雹、暴雪、沙尘暴等气象灾害，火山、地震灾害，山体崩塌、滑坡、泥石流等地质灾害，风暴潮、海啸等海洋灾害，森林、草原火灾和重大生物灾害等。

（2）地震灾害常识。

国际上比较通用的是里氏震级表，最高的震级是10级，3级以下的地震，人们察觉不到；3级以上的地震叫有感地震；5级以上的地震开始具有破坏力，习惯上称为破坏性地震或强烈地震；7级以上的称为大地震；8级以上的叫特大地震。震级是用特定仪器测量并记录的，目前为止还没有发现过震级大于8.9级的地震。虽然媒体报道的大多是陆地上的地震，很少听说发生在海域的地震，但其实80%的地震发生在海域。

地震自护要点：

① 学校室内避震：正在教室上课时，要在教师的指挥下迅速抱头、闭眼、躲在各自的课桌下，不要乱跑，可以拿书包或其他保护物品遮护头部和颈部。尽可能离开外墙和玻璃窗，避开天花板上的悬吊物，如吊灯等。不要一窝蜂似的挤向楼梯，在走廊的同学，应立即选择有利的安全地点，就近躲避，卧倒或蹲下，用双手保护头部，不要站在窗边。在厕所内的同学，要离开蹲位，靠墙角等处躲避。

② 家庭室内避震：如果在平房里，要迅速钻到床下、桌下，同时用被褥、枕头、脸盆等物护住头部，等地震间隙再尽快离开住房，转移到安全的地方。地震时如果房屋倒塌，应待在床下或桌下千万不要移动，要等到地震停止再进出室外或等待救援。如果住在楼房中，不要试图跑出楼外，因为时间来不及。最安全、最有效的办法是及时躲到两个承重墙之间最小的房间，如厕所、厨房等。也可以躲在桌、柜等家具下面以及房间内侧的墙角，并且注意保护好头部。千万不要去阳台和窗下躲避。

③ 户外避震：就地选择开阔地蹲下或趴下，应双手交叉放在头上，最好用合适的物件罩在头上、不要乱跑，不要随便返回室内，避开人多的

地方。避开高大的建筑物，如楼房、高大烟囱、水塔等，特别是要躲开有玻璃幕墙的高大建筑。同时也要注意避开危旧房屋、狭窄的街道、高耸或悬挂的危险物。骑车的下车，开车的停下，人员靠边行走。离开车辆，靠近车辆坐下，或躺在车边。切勿躲在地窖、隧道或地下通道内，不要停留在过街天桥、立交桥的上面和下方。

（3）雷电时注意事项。

① 注意关闭门窗，预防雷电直击室内或者防止侧击雷和球雷的侵入。

② 不要站立在电灯下。

③ 尽量不要拨打、接听手机和座机，或使用电话线等上网。

④ 不宜用淋浴器、太阳能热水器，因水管与防雷接地相连，雷电流可通过水流传导而致人伤亡。

⑤ 远离建筑外露的水管、煤气管等金属物体。

⑥ 雷雨来临前，要把线路断开，并拔下电源插头，别让电视机、电脑等引雷入室，损坏电器乃到引发火灾事故的发生。

⑦ 遇到暴雨天气出门，最好穿胶鞋，这样可以起到绝缘的作用。

⑧ 乘车途中遭遇打雷时千万不要将头、手伸出窗外。

（4）报警常识：

110：负责处理刑事、治安案件、紧急危难求助。

119：火警。

122：交通事故。

120：医疗急救。

3. 可替代活动

（1）灾害变奏曲（可以替代活动1）。

【辅导要点】

热身活动，营造积极有序的课堂氛围，引出活动课主题。

【活动内容】

① 教师明确三种灾害对应的动作：

火山——双手上举拍手；

地震——双脚跺地；

海啸——双手合并相互摩擦。

② 教师给出不同口令，学生依口令做出相应动作。

③ 活动总结，引出主题。

（2）"哪些"转转（可以替代活动1）。

【辅导要点】

热身活动，活跃课堂气氛，引出课程主题。

【活动内容】

① 教师随机指定从某组的第一位成员开始就老师的问题进行依次答题，答案不可重复。

② 如果出现重复答案，或者想不出来新的答案，则要做"机器人道歉"，即模仿机器人，说："对不起，我错了，请原谅。"然后从这个同学开始出一个新的题目。

③ 教师可以提问："水果有哪些？鲜花有哪些？"最后提问："自然灾害有哪些？"

④ 引出活动课主题。

（3）逃生小专家（可以替代活动3）。

【辅导要点】

小组内发现逃生知识丰富的学生作为本组的逃生小专家，参加班内的小专家讲堂活动。

【活动内容】

①针对常见的灾难，如火灾、地震、雷电等，选择一个灾难类型，组内交流自己掌握的相关常识。

② 组内选出一位对该类型灾难知识丰富的同学担任本组的"逃生小专家"，参加班内分享。

③ 小专家讲堂，请每组的"逃生小专家"发言。

④ 教师点评并总结（参考活动3的"引导要点"）。

4. 活动记录单

自护战队

战队名称：

队长：

队员：

口号：

逃生知识库

编号	灾难类型	编号	灾难类型
1		6	
2		7	
3		8	
4		9	
5		10	

灾难防护实战

题号	答案		题号	答案	
	战队答案	正确答案		战队答案	正确答案
1			6		
2			7		
3			8		
4			9		
5			10		

第18堂

男生，女生

生命安全

PSYCHOLOGICAL

DEVELOPMENT

LEARNING

一、活动目的

1. 通过"大茶壶"活动，活跃身心状态，自然导入活动课主题。

2. 通过"对战卡"比拼活动，引导学生了解男生、女生的不同和心理生理特点，重视自身健康，尊重性别差异。

3. 通过"友谊链"活动，引导学生学会欣赏异性，掌握与异性相处的原则，友爱、尊重，携手顺利度过成长动荡时期。

二、活动准备

1. 男女生分别分组，每组5～6人，确定组长；桌椅马蹄形摆放，教室中间留出活动空间。

2. 抽签条每人一张，用来做活动1的"动作引导签"（可以由废弃纸张剪裁成条）。

3. 印制活动记录单（见活动素材库）。

三、活动过程

📖 **活动 1：大茶壶**

【辅导要点】

通过"动作引导签"创作和肢体表演，引导学生观察性别差异，开放身心，活跃气氛，导入课程主题。

【活动时间】

8分钟。

（建议指导语：今天我们的活动小组是按照性别划分的，活动也会和性别有关，男生和女生究竟会有哪些不同的任务要完成呢？我们先来做一个好玩儿的"大茶壶"活动，感受一下！）

【活动内容】

（1）每个同学发放一张抽签条，想一个"ABB"类型的词，如绿油油、笑哈哈、甜蜜蜜等，将要用的这个词作为表演活动的"动作引导签"。

（2）注意，女生写的词由男生表演使用；男生写的词由女生表演使用。

（3）大家写好自己想到的词语后，将字条交给组长，集中放到老师的标有"男生""女生"两个不同的盒子里（如果男生女生比例悬殊，数量少的可以多写几张）。

（4）男生表演：

① 男生到活动空间围成一个圆圈，指定一个学生为起始，其他学生从老师标有"女生"的盒子里抽取一张签纸，按照确定的台词和抽到的签纸上的词语进行肢体表演。

② 起始同学的台词为："我是一个大茶壶"。

③ 顺时针依次为：

a. 我的脑袋 "ABB"（如果抽到是乐哈哈，就表演乐哈哈）；

b. 我的嘴巴 "ABB"；

c. 我的肚子 "ABB"；

d. 我的屁股 "ABB"。

④ 后面的同学a～d循环，至最后一个同学。

（5）女生表演：

方法与男生相同，区别是从标有"男生"的盒子里抽取签纸。

（6）自由分享：你从活动中体验和观察到了什么？

（7）教师总结。

结合活动中观察到的现象和学生发言进行简单总结。

【引导要点】

（1）能否放开肢体完成表演，和性别、性格差异都有相关。相对而言，男生和性格开朗的同学肢体表演完成得更为有趣和放松。

（2）同学们所想到的动作引导签内容，很多考虑到性别差异，当然也有恶作剧的创作。

（3）随着同学们年纪的增长，很多事情中都会出现越来越多的性别差异，这是本堂课要探讨的主题。

📖 活动 2："对战卡"比拼

【辅导要点】

通过男生、女生相互发现对方的性别优势，拓展对自身性别特点的看法，学会欣赏异性，相互尊重与合作。

【活动时间】

15分钟。

（有些同学觉得做个男生很好，有些同学觉得做个女生很好，究竟好在哪里呢？我们以对战卡的形式分析一下两种性别的优势，看看是否有你没想到的内容。）

【活动内容】

（1）请学生在活动记录单上完成"对战卡"素材库，想到的内容越多越好。

当个女生多好啊，因为：_____。

当个男生多好啊，因为：_____。

（2）小组汇总，合并类似项目（注意提醒学生对战比拼开始后不可再添加新内容）。

（3）"对战卡"比拼。

活动步骤：

① 自夸对战。

a. 从一个女生组和一个男生组开始对战，组长代表小组各自夸自己的性别优势。

女生说"做一个女生多好啊，因为……"；男生说"做一个男生多好啊，因为……"。

b. 两个小组交叉发表自己的对战卡内容，一次只能说一条，不能重复。

c. 直至某个小组"对战卡"的内容用完，下一个同性别小组开始参战，内容不能重复。

d. 男生或者女生组先用完所有对战卡内容的为输。

② 互夸对战。

a. 分别从一个男生组和一个女生组开始对战，组长代表小组分别夸对方的性别优势。

男生说"做一个女生多好啊，因为……"；女生说"做一个男生多好啊，因为……"。

b. 两个小组交叉发表自己的"对战卡"内容，一次只能说一条，不能重复（与上一轮对战条目相近或相同不算重复）。

c. 直至某个小组"对战卡"内容用完，下一个同性别小组开始参战，内容不能与前面小组发言重复。

d. 男生或者女生先用完所有"对战卡"内容的为输。

（注意：活动过程中教师简单记录学生的发言，提示态度友好，用词恰当礼貌；注意时间控制。）

（4）自由发言：从对战活动中你能发现什么？

（5）教师总结。

【引导要点】

（1）不同性别有不同的特点，各有优势。

（2）异性同学的看法可以拓展我们对自身性别优势的认识。

（3）对自己的性别角色特点要充分接纳，对异性同学的性别角色特点要充分尊重。

（4）性别特征会随着年龄的增长越来越丰富，也会有中性特征存在，对性别差异和特征的正确理解是健康成长的前提条件。

📖 活动 3：友谊链

【辅导要点】

启发学生积极讨论与思考受欢迎的男生、女生特征，学会互相欣赏，正确看待和发展异性伙伴之间的友谊。

【活动时间】

12分钟。

【活动内容】

（1）小组讨论：

① 我喜欢和什么样的男生做朋友。

② 我喜欢和什么样的女生做朋友。

采用轮流发言的形式，每个问题每个同学说一个意见，内容不重复，组长负责记录。

（2）班内分享，组长指定一位同学作为代表发言。

（3）教师进行简单记录和反馈。

【引导要点】

（1）要想被伙伴认同，就要做到对方欣赏的样子。

（2）课堂时间有限，得到的信息不够，要在生活中认真观察和思考，如何才能得到伙伴的接纳。

（3）不可严以律人、宽以待己。

（4）看到别人的变化也要看到自己的变化，增加理解可以减少很多烦恼和冲突。

📖 活动 4：结束与延伸

【活动时间】

5分钟。

【活动内容】

（1）自由分享：就本课活动内容发表自己的感想。

（2）课后延伸：想一想自己在与异性同学相处的过程中有哪些困惑或者困难，可以和老师或者家长交流。

四、活动素材库

1. 设计背景

个体从幼儿期开始就接受性别差异教育，形成了初步的性别角色认同，逐步掌握基本的性别常识。然而，在之后的成长过程中，由于性教育的忽略、不恰当的性别角色反馈、以及知识的匮乏都有可能造成儿童不能形成更为明确的性别角色概念。进入青春期后，面对身心的急剧变化，感受到社会对于性别角色与行为规范的要求与压力，缺乏引导的学生容易产生性别角色认同问题，甚至出现角色混乱。

　　青春期提供性别角色辅导对于性别角色不明确、性别角色混乱，或是有偏差的学生具有非常重要的引导作用。小学中段即开展性别角色教育，可以预防相应问题的产生，具有深远意义，有助于学生个性的均衡发展，促进性心理健康。

　　本堂课从不同性别角色分析男生、女生的性别优势，尊重学生的看法，运用朋辈力量引导学生认识性别差异和性别优势，接纳自身，尊重异性。同时引导学生认识到认真塑造适宜的性别特征才能拥有良好的伙伴关系，男女同学互相帮助和支持，共同构建和谐的集体，才能实现健康成长。

2. 理论支持

（1）性别角色认同。

　　性别是根据生物学特征对人类群体的基本界定，是儿童最早掌握并用于对他人进行分类的社会范畴之一。性别角色是指特定社会对男性和女性社会成员所期待的适当行为的总和，是儿童自我意识发展的重要方面。

　　青春期是由儿童生长发育到成年的过渡时期，是以性成熟为主的一系列（形态、生理、内分泌、心理、行为）的突变阶段，性别角色认同问题是青春期自我同一性教育的重要内容。为使学生形成良好的自我同一性、人格健康成熟，辅导学生形成正确的性别角色认同就显得尤其重要。

　　心理学家埃里克森认为，人的自我意识（包括认识自我和接纳自我等）的发展将持续一生，这一过程按先后顺序分为八个阶段。每个阶段都有自己特定的发展课题与发展任务，一个阶段的任务完成，才能顺利进入下一阶段的发展。而青春期（12～18岁）的发展课题便是解决"自我同一性和角色混乱的冲突"这一问题。

　　埃里克森认为青少年面临自身生理发展所带来的变化，更重要的是，因新的社会要求和社会的冲突而感到困扰和混乱，这些都会给他们的身心带来很大的冲击。所以，青少年期的主要任务是建立一个新的同一感，或自己在别人眼中的形象，以及他在社会集体中所占有的情感位置，这一阶段的危机就是角色混乱。

（2）性别差异。

男性与女性在身体和动作、认知、情绪和人际交往方面都存在差异。

女性有言语优势。在婴儿期，女性说话要比男性早一个月左右，学字也较快。在发音方面，女孩达到完全清晰发音的时间的年龄比较早，小学一年级时发音水准与二年级的男孩相似。在作文方面，中小学女孩也占优势。

小学阶段的数学能力没有显著的差别，青春期阶段女孩略优于男孩，高中和大学阶段：男生的数学能力明显优于女生。

男女的空间能力差异是在入学后出现的。在机械操作和机械理解方面，男性占优势。在速写、自由画、想象画等测验方面，女生的平均分数比男生高。男性在戏剧的滑稽表演方面胜过女性。

在青春发育期以前，女性在理解人际关系、形成任务感和责任感等方面比男性成熟得早，女性的心理年龄比男性要大一岁到一岁半。青春发育期以后，男性敢于冒险，喜欢逞强，好逞英雄，坚定果断，喜欢直截了当，对异性关系的反应较为强烈，但比较粗心，不太注重细节。而女性文静怯弱，温柔纤细，有柔弱感，情绪体验深刻，感情丰富细腻，礼貌友好，向往异性的支持、爱护和保护，常常优柔寡断，迟疑心重，气量不大，胆小怕事，缺乏自信。

（3）正确看待性别差异。

青春期男女性别特点的区别更为明显，恰当的性别角色表现比儿童期更为重要，然而，什么是恰当的性别角色并无定论，人们的观念随着社会在变化，但传统的观念仍然具有相当重要的影响。

现实生活中，许多行为是男女两性共有的，只有少数行为对不同性别角色具有特征性。即使如此，纯粹只表现男性或女性行为特征的人也只是很少数，大多数人都或多或少地有一些异性特征。

无论是男孩还是女孩，都应在发挥自己"性别"优势的同时，注意向异性学习，克服自己性格上的弱项，促进身心的全面发展和人格的完善。在向异性学习的过程中，应该多学习对方身上的优点，向异性学习也要掌握尺度，"娘娘腔""假小子"也会遇到很多烦恼。

3. 可替代活动

（1）迷你辩论会（可以替代活动2）。

【辅导要点】

通过微型辩论会的形式，分析男生和女生的性别差异以及性别优势，正确看待性别角色特征。

【活动内容】

① 男生、女生各分为三个小组，确定组长，由组长担任辩论选手，组员担任智囊。

② 男生的辩题是"做女生比做男生好"；女生的辩题是"做男生比做女生好"。

③ 各组有3分钟讨论准备时间。

④ 迷你辩论赛开始，男生的三个组长与女生的三个组长交叉发言，辩论进行3轮。

⑤ 总结发言：男女双方各选一个代表总结。

男生总结男生的性别优势，女生总结女生的性别优势。

⑥ 教师总结。

性别差异客观存在，各有优势，没有绝对的好坏之分；既要了解并接纳自己的性别特点，又要理解和尊重异性的性别特点。

（2）幸运抢答（可以替代活动3）。

【辅导要点】

通过小组轮流回答的方式，讨论异性同学的交往问题，引导学生从性别角色特征去考虑交往的原则。

【活动内容】

① 小组快速讨论：男女同学交往有什么好处？

② 抽签决定回答顺序，依次说出答案，后面小组回答的内容不能重复前面已经说过的内容，坚持到最后的小组获胜，得到奖励。

③ 男女同学在交往中应该遵循什么样的原则呢？

④ 抽签决定回答顺序，依次说出答案，后面小组回答的内容不能重复前面已经说过的内容，坚持到最后的小组获胜，得到奖励。

⑤ 教师总结。

对言之有理、积极正向的回答给予充分的肯定和鼓励。

男女双方的友好交往可以相互学习、促进，完善个性，促进身心健康发展；扩大交往范围，锻炼交往能力；学习如何适应社会对不同性别的要求；增强自己的性别意识，更好地成长。

男女同学交往应遵循的原则：互相尊重，自尊自爱；敞开心扉，把握分寸；主动热情，注意方式。

4. 活动记录单

"对战卡"素材库

当个女生多好啊，因为：

当个男生多好啊，因为：

友谊链

我喜欢和什么样的男生做朋友：

我喜欢和什么样的女生做朋友：

做个诚信的孩子

人际关系

PSYCHOLOGICAL

DEVELOPMENT

LEARNING

一、活动目的

1. 通过"心口不一"活动，营造轻松的课堂气氛，导入诚信主题。

2. 通过"诚信大家谈"活动，讨论和明晰"诚信"的内涵和意义。

3. 通过"诚信辨析会"和"诚信宣言"活动，引导学生进一步加深对"诚信"的认识，并运用到人际交往中。

二、活动准备

1. 依据场地条件和班级人数分组，每组6～8人，确定组长。

2. 印制活动记录单（见活动素材库）。

3. 印制活动2使用的材料单。

三、活动过程

📖 活动1：心口不一

【辅导要点】

活跃课堂气氛，感受心口不一，引出活动课主题。

▲▲▲▲▲ ▲▲▲▲▲ ▲▲▲▲▲ ▲▲▲▲▲

【活动时间】

5分钟。

（建议指导语：同学们在生活中有没有口是心非的时候呢？今天我们要做一个小活动，叫"心口不一"，切实感受一下。）

【活动内容】

（1）相邻2位同学面对面站好，确定A、B角色（如果出现单数，教师请一位同学担任观察员）。

（2）A、B互相提出5个问题，要用"是"和"不是"回答，但是答案要与事实相反，回答"是"的时候要摇头，回答"否"的时候要点头。先由A提问，B回答；再由B提问，A回答。

（3）注意：要问一些显而易见的问题，能看出彼此是否回答正确为宜，例如："你是某某班的学生吗？""你今年是五年级吗？""你是某某小学的学生吗？""现在是上午吗？""你是男生吗？"等等。

（4）开始活动，教师观察学生的活动过程。

（5）自由发言：分享活动感受。

（6）教师总结。

【引导要点】

（1）心里想的和嘴上说的、行动中表达的不一致，是不容易完成的任务。

（2）实际生活中的心口不一，不仅仅是是否容易做到的问题，还涉及是否应该做，以及关乎诚信品质的问题。

📖 活动 2：诚信大家谈

【辅导要点】

通过对故事的讨论，认识到做人要诚实守信，诚信不仅是一种美德，还会让我们赢得朋友，获得帮助。

【活动时间】

15分钟。

（建议指导语：对"诚信"这个词同学们都不陌生，但是诚信的深刻内涵和对人的影响到底是什么，我们通过材料分析，进行认真思考和总结，希望同学们都能够发挥出自己的聪明才智！）

【活动内容】

（1）组长抽取教师提供的材料，依据材料分析：

① 什么是诚信？

② 从故事中可以看到诚信有哪些意义？

（2）诚信故事材料：（每份材料可以用于2个小组）

（注意：教师可以根据实际需要替换材料，比如取材于本班内征集的诚信故事。）

① 牡丹花王子。

传说中有个国王没有儿子，打算从民间选一个小孩做王子，国王选王子的方法很独特，给候选者每人一颗牡丹花种子，看谁种的花最漂亮，花开得最多就当王子。到了评比的时候，孩子们都捧着鲜艳漂亮的牡丹花去见国王，只有一个小孩捧着个空花盆，他的花没开，最后是这个孩子被选中，因为国王发放的所有的花种子都事先煮熟了，不可能发芽开花。

② 意外的第一名。

部队开展官兵越野比赛，一个特别不擅长长跑的士兵硬着头皮参加，果然一出发就被甩在最后，一个人孤零零地跑着。不久后遇到一个岔路口，一边平坦宽阔，标明是军官赛道，另一边是条小径。他停顿了一下，对军官连越野赛都要有特权感到不满，虽然出发时并未说明士兵不能用军官赛道，但是仍然朝着小径跑去，没想到不久后就到达终点，而且是第一名，得到嘉奖。过了很久后其他人员陆续跑回，个个筋疲力尽。你知道是为什么吗？

③一诺千金。

成语"一诺千金"的典故是说秦末有个说话特别算数的人叫季布，因此他有许多好朋友，当时甚至流传着这样的谚语："得黄金百斤，不如得季布一诺。"季布作为项羽的部将，他很会打仗，几次把刘邦打败，弄得刘邦很狼狈。后来项羽被围自杀，刘邦夺取天下，当上了皇帝，出高额赏金要捉拿并杀掉季布，结果他旧日的朋友不仅不被重金所惑，而且冒着很大危险来保护他。之后刘邦了解了季布的人品，不但没杀他，还封了官职给他。

（3）小组讨论，组长汇总小组意见，填入活动记录单，准备发言。

（4）班内分享：组长代表发言（发言前请学生简要介绍故事内容）。

（5）教师总结。

结合学生的发言进行总结归纳。

【引导要点】

（1）诚信即诚实守信，"诚"即诚实诚恳，主要是指一个人真诚的道德品质；"信"即信用信任，主要指守诺言，说到做到。

（2）诚信是一种珍贵的美德，有时候感觉到好像会吃亏，其实是成功的基础。

（3）诚信的人受到他人的尊重，得到充分的信任，能拥有更多的朋友，也能在需要时获得帮助。

📖 活动 3：诚信辨析会

【辅导要点】

引导学生学会分辨真假诚信，深入理解"诚信"的含义，辨析"讲实话就是诚信"的片面认识。

【活动时间】

12分钟。

（建议指导语：通过刚才的活动我们总结概括了什么是诚信，那么你是否认为诚信就是"不说假话，说到做到"呢？诚信还有更深的含义吗？现在就让我们进一步来做个辨析。）

【活动内容】

（1）教师介绍辨析材料：烦恼的小峰。

小峰因为常常说谎，同学们不太喜欢他，被老师和家长严厉批评，决定改掉坏毛病。小峰和小林是同班同学，也是邻居。一天放学后，小林要去网吧玩游戏，请求小峰去跟妈妈说自己在学校完成老师的任务晚一点儿回家。小峰认为这是不诚实的，他答应老师和家长不再说谎了，所以不能这么做，于是拒绝了小林。小林转而去让也住一个小区的小宇帮忙，小宇马上答应了小林的请求。小峰觉得既然自己知道了实情，就应该讲出来，犹豫了一会儿还是敲开小林家的门，向小林的妈妈说了小林去网吧玩游戏的事。小林的妈妈很生气，不但骂了小林一顿，还告诉班主任，严厉批评了小宇。小林和小宇都不理小峰了，小峰很烦恼：做了说实话的孩子，原来理我的同学也不理我了，我这样做到底对不对呢？

（2）小组讨论：

① 你认为小峰做得对吗？为什么？

② 如果你是小峰会怎样做？

③ 你能从这个小故事中体会到诚信的深层含义吗？

（3）教师总结。

【引导要点】

（1）一般情况下，诚信的人就是说实话、守约定的人，即使自己会为此付出代价，也要勇于承担。

（2）如果据实回答或行动会对他人造成伤害，就要慎重考虑。

（3）如果能够想到更好的解决问题的方法，就不要简单使用实言相告。

（4）对待心怀不轨的人没有必要诚信。

（5）虽然要说话算话，但是真正做不到时要据实告之。

📖 活动 4：总结与延伸

【活动时间】

8分钟。

【活动内容】

（1）自由分享：概括一下这堂课讨论的内容。

（2）课后延伸：书写自己的诚信宣言。

反思自己在与家长、老师和同学相处的过程中，"诚实"或者"守信"做得不够好的地方，以宣言书的形式表达改进方案。或者以"诚信"为主题自创一段格言（可以发放统一的彩贴或者卡片，完成后做班级主题展示）。

四、活动素材库

1. 设计背景

诚信既是做人的基本道德要求，也是人际交往中的重要品质。对人守信、对事负责是诚信的基本内涵，要从小就引导孩子正确认识和认真执行，对其人格发展和社会交往均意义深远。

伴随身心的发展，孩子们对于诚实守信的理解也由浅入深，小学中段的学生已经可以从故事和自身体验中发现诚信的含义和意义，但是对其重要性和如何把握具体情境和尺度仍需要引导。浅层的认识是：诚信就是不说谎话、说到做到，这样可以得到大人的表扬，也容易赢得朋友。但是当面对复杂的情境时，孩子容易辨别不清，做出错误的判断。比如有的孩子一味地说实话，不会变通，反而被批评和排斥；或者盲目地信守承诺，结果可能伤害自己和别人，产生是否需要坚持诚信的迷茫。因此小学阶段由浅入深地引导孩子形成合理的诚信观，了解诚信真正的内涵在品德培养和人际交往辅导中均至关重要。

本堂班会课针对小学中年级学生设计，通过朋辈互助，分析诚信故事，认识诚信的重要性，从来源于日常生活的事例中分析诚信的内涵，以及如何把握诚实和守信。

2. 理论支持

（1）诚信的含义。

诚信，可以分为两个字来看。"诚"即诚实，表示忠诚老实，忠于事物的本来面貌，不隐瞒自己的真实想法和真情实感。"信"即守信，就是讲信用，守承诺，忠诚于自己承担的义务，答应了别人的事一定要做到。

诚信有三个主要内核，分别是诚实，信用和信任。诚实是一种真实的道德信念。这是做人最基本的准则，我们与他人相处的过程中，不说假话，没有欺骗，这就是诚实。而信用是一种互动性的契约，表现在个体与他人达成一定的共识，而自己完全按照之前的约定去做，不随意破坏规则。信任是一种基于认同的期望，因为之前的诚实守信，个体才能被认为是一个值得相信的人。

（2）诚信的作用。

诚信是这个社会都在强调、推崇的品质，对于社会的发展有着重要的作用。

① 诚信具有简化人际交往复杂性的社会功能。

我们常说人际交往是复杂的，因为人是千变万化的，不同的人有不同的心思，今天这样决定，明天可能又换了想法。而当人际交往当中拥有了诚信之后，就变得简单了许多。我们只需要做出一个约定，大家就都会按照约定去做，不需要考虑过多的变化。

②诚信具有累计人际交往社会资本的经济功能。

人与人相处本来就是社会资源相互交换的过程，这个过程中如果出现了不诚信的行为，某一方就有可能产生大量的损失。为了弥补损失，可能会产生新的不诚信行为，结果陷入相互欺骗的恶性循环，从而造成双方，甚至更多人的损失。

③诚信具有建构人际交往稳定秩序的伦理功能。

诚信是人的一种品质，诚信的行为会让人相互信任、共同合作，形成的是良好的社会风气。而不诚信的行为会让人彼此怀疑、相互欺骗，形成的是恶劣的社会风气。我们要宣传并实践诚信，这样才能净化社会环境，让这个社会稳定发展。

（3）小学生诚信的培养。

对小学生进行诚信教育要从认知、情感和行为三方面入手。

①认知方面。

可以利用思想品德课、班会课等渠道，帮助学生树立正确的诚信观，通过多种方式让学生对诚信有一个正确、明确的认识。要充分重视诚信教育的重要性，而不是简单地喊口号；应该结合多种活动，使学生对诚信有真正深刻的理解。

②情感方面。

诚信意识是一种极其重要的非智力因素，要使小学生产生自觉、持久的诚信意识，并进一步转化为诚信行为，就必须重视学生诚信情感的培养。首先，需要成年人以身作则，身体力行。其次，需要寓教于无形，开展丰富多彩的活动，达到让学生自我教育的目的。

③行动方面。

强化实践活动，让学生体验到成为诚信小公民的自豪感。在活动中引导学生感知和呈现自己的体验，明白为人处世的道理，而且明白养成好习惯，好品质并不是一朝一夕的事，需要不断地积累和提升。

3. 可替代活动

（1）你会怎么办（可以替代活动3）。

【辅导要点】

通过对不同情景的讨论，明晰"诚信"行为的真正内涵。

【活动内容】

① 教师事先准备若干情景纸条。

例如：

a. 课间，你在走道里捡到一支漂亮的自动笔，这正是你之前一直想买的笔，这时周围没有别人，你会怎么办？

b. 你到爷爷家玩，不小心弄碎了爷爷心爱的茶壶，眼看爷爷就要回来了，这时你会怎么办？

c. 同桌很认真地用彩纸做了一幅剪贴画，然后把这幅作品送给你，问你喜不喜欢，其实你并不是很喜欢，你会怎么办？

d. 你和小亮是无话不谈的好朋友，你们曾经约定要保守彼此的秘密，可是最近你常常看到小亮到一个网吧玩游戏，这时小亮的妈妈找到了你，问起小亮的情况，你该怎么办？

（注意：也可以列举生活中具体的情境，让学生判断是否应该说出真实的想法，练习更准确地把握诚信。）

② 各组派代表抽取一张情景纸条，针对抽中的情景进行简短讨论。

③ 小组代表发言，其他各组可以进行补充。

④ 教师总结。

诚信是实事求是，不说谎话，即使说出真相之后，自己也会受到惩罚或损失；但有时为了表达自己的友好，或者不纵容、包庇甚至伤害他人，我们也需要善意或者正义的谎言。

（2）我的诚信故事（可以替代活动4）。

【辅导要点】

通过分析自己经历过的"诚信"事件，对"诚信"的含义有更加深入的认识，明确自己的"诚信"行为。

【活动内容】

① 以小组为单位，每人说一件自己做过的诚信事件；或者是自己做得不够好的，有遗憾的事件。

② 小组选出一位同学代表全班交流。

③ 自由发言，说说自己听了别人的经历之后对诚信有什么新的认识。

④ 教师总结。

肯定学生的认真思考和真诚分享，尤其是能够分享自己做得不好的事情的同学；诚信品质的培养是一个漫长的过程，需要不断积累，不断进步。

4. 活动记录单

诚信大家谈

> 抽到的材料代码：
>
> ① 什么是诚信？
>
> ② 从故事中可以看到诚信有哪些意义？

诚信辨析会

> ① 你认为小峰做得对吗？为什么？
>
> ② 如果你是小峰会怎样做？
>
> ③ 你能从这个小故事中体会到诚信的深层含义吗？

第20堂

记忆有妙招

学习辅导

PSYCHOLOGICAL

DEVELOPMENT

LEARNING

一、活动目的

1. 通过"脑力激荡"活动,激发学生对记忆的兴趣,了解营养常识,导入课程主题。

2. 通过"记忆之旅"活动,帮助学生了解基本的记忆规律,认识记忆方法的重要性。

3. 通过"我有妙招"活动,分享自己的记忆经验,彼此学习和借鉴,提升对学习方法的重视程度。

二、活动准备

1. 依据场地条件和班级人数划分小组,每组6～8人,确定组长。

2. 准备九种食物图片(胡萝卜、菠萝、鱼、洋葱、核桃、芹菜、草莓、香蕉、苹果),制作九宫格课件。

3. 准备8个初中英语单词,难度超过学生目前所学,制成单词条,每个学生一份。

4. 印制活动记录单(见活动素材库)。

三、活动过程

📋 活动1：脑力激荡

【辅导要点】

通过快速记忆能增强记忆力的食物图片，激发学生的探究兴趣，活跃课堂气氛，导入活动课主题。

【活动时间】

5分钟。

（建议指导语：学习离不开脑力，脑力要经常锻炼，我们来进行一个简单的"脑力激荡"活动，先激活一下你的大脑，看看成果如何。）

【活动内容】

（1）教师以九宫格的形式出示9张食物图片：胡萝卜、菠萝、鱼、洋葱、核桃、芹菜、草莓、香蕉、苹果，学生快速记忆1分钟。

（2）学生回答教师提问：

① 图片出现了哪些食物？

② 屏幕第二行的第三张图片是哪种食物？

③ 草莓的左边是什么食物？

（注：可以随机出题，检测学生的记忆效果。）

（3）教师总结。

【引导要点】

（1）认真观察、寻找关联，是准确记住图片内容的关键。

（2）与同学们平时的饮食偏好有关，很喜欢和很不喜欢的食物都容易记住。

（3）图片上的这些食物营养丰富，对于增强记忆力会很有帮助。

📖 活动 2：记忆之旅

【辅导要点】

了解记忆的基本规律，体验记忆方法对记忆效果的影响，引导学生关注科学学习方法的掌握和运用。

【活动时间】

20分钟。

（建议指导语：同学们在小学度过了近四年的学习时光，可以感受到学习任务越来越多也越来越难，记忆能力是完成学习任务的保障。今天，让我们一起踏上记忆之旅，老师要用独特的方式考验一下你的记忆力，看看能否发现提升记忆力的好方法。）

【活动内容】

第一站：身边的记忆

（1）请同学们说出教学楼一楼到二楼有多少级楼梯（根据学校建筑情况设计题目，最好是学生每天的必经之路）？

（2）请学生自由回答，给出正确答案，请回答正确的同学分享为什么会记住楼梯数目。

（3）自由发言：通过这个小细节，你能发现记忆的哪些规律？

（4）教师总结：记忆要有明确的目标和任务。

第二站：短时记忆小检测

（1）教师准备12个两位数，尽可能不出现特殊的数字（比如44、66、99），做成卡片或者幻灯片都可以。

（2）每个数字呈现5秒钟，学生静默记忆，全部看完后在活动记录单上默写自己看到的数字，可以不分先后次序。

（3）呈现正确答案，各组统计正确记忆的数量，找到正确记忆最多的同学。

（4）请2～3个记得多的学生分享自己是如何记住的经验。

（5）自由发言：从这个小活动中，你能发现记忆的什么规律？

（6）教师总结。

【引导要点】

（1）两位数检测法是测试短时记忆容量的常用方法，但是需要严格控制的环境和至少三次测试的平均值才有效。

（2）记得多的同学可能是由于短时记忆容量大；也可能是这组数字中有对自己意义特殊的数字；有的同学还利用了联想和关联的记忆方法。

（3）最容易记不住的是中间的几个数字，所以同学们在记忆大段的文字内容时，要注意重点记忆中间部分。

第三站：奇妙的想象

（1）同时呈现如下词汇：企鹅、电灯、充电宝、男孩、发卡、盒子、沙滩、公交车、电影，记忆时间2分钟。

（2）在活动记录单中默写词汇，公布答案，各组统计正确记忆词汇数量。

（3）请准确记忆数量多的同学分享记忆方法。

（4）教师总结。

发挥想象力，将相对抽象的内容联系起来形成有情节或有图像的内容，记忆效果会明显增长。

（5）小组讨论：将以上词汇变成一个小故事，以完整、生动、简洁为标准，看看哪组完成的质量高（时间酌情控制）。

（6）各小组展示，评选出最佳作品。

（注意：提示学生在实际的学习中可以自由发挥想象，只要是自己能够快速准确记住即可。）

第四站：我爱记单词

（1）单词记忆挑战，方法为：

① 每个同学将拿到一个单词条，你有2分钟的时间去记忆这些单词。

② 各组将以不同的方式完成各自的任务：

a. 一、二组同学只能用眼睛看，不可以出声或者动笔，要把耳朵堵上。

b. 三、四组同学可以边看边小声读出单词。

c. 五、六组同学可以看、读、写同时进行。

（2）发放单词条，听到开始指令才可以打开字条开始记忆，2分钟后默写。

（3）呈现正确答案，各组统计正确记忆数量，包括平均成绩和最佳成绩。

（4）比较不同记忆方法的记忆效果，每种记忆方法的代表分享自己的心得。

（5）自由分享：这个活动告诉我们怎样的记忆规律？

（6）教师总结。

【引导要点】

（1）仅凭一组单词不能评价同学们单词记忆的能力。

（2）记得好的同学有的是因为其中有自己背过的单词，有的同学对符号敏感所以背单词有优势，有的同学有独到的记忆单词的方法。

（3）对大多数人而言，运用的感官越多，记忆就越有效率。

📖 活动3：我有妙招

【辅导要点】

引导学生总结和分享自己的记忆方法，互相借鉴，共同提高。

【活动时间】

10分钟。

（建议指导语：只要是有心的孩子，都能够找到自己的学习方法，相互分享和借鉴，会取得更好的成绩，你是否有自己的记忆妙招呢？和小伙伴们分享一下吧！）

【活动内容】
（1）小组交流个人的记忆方法，组长记录。
（2）班内交流：组长代表发言。
（3）教师总结。

【引导要点】
（1）适合自己的方法就是好的方法，重点是要去寻找和确定适合自己的方法。
（2）不仅记忆方法如此，而且在听课、写作业、复习、预习等其他学习环节均要找到适合自己的方法。

▤ 活动4：总结与延伸

【活动时间】
5分钟。

【活动内容】
（1）自由分享：说一说你在这堂课上的收获。
（2）课后延伸：总结课上学到的和自己用过的记忆方法，可以以你喜欢的形式，设计制作成记忆妙招书签，在班内进行集中展示。

四、活动素材库

1. 设计背景

记忆是智力活动的重要组成，包括识记、保持和再认三个环节，可以说记忆是完成一切学习任务的基础。小学阶段主要是基础知识的学习，四年级学生处在由低年级向高年级过渡的阶段，主要培养学生的基本学习能力，掌握有效的学习方法，重视效率的提升和学习兴趣的培养。

本堂课通过丰富的体验活动，引导学生体验和分析记忆的基本规律和策略，总结自己的记忆经验，与伙伴交流分享，互相学习和提高，并以记忆方法为导引，提高学生对学习方法的关注程度，为小学高段的学习做好充分准备。

2. 理论支持

（1）记忆。

记忆是人脑对客观事物的识记、保持、回忆或再认的过程。识记是一种反复地认识某种事物并在大脑中留下映象的过程；保持是对识记过的事物在头脑中巩固和强化的过程；回忆或再认是人脑对过去经验的提取过程。从现代信息论角度上讲，记忆就是把所需信息进行编码加工，输入并存储于大脑中，在需要的时候再将有关的信息提取出来的过程。

① 按记忆内容分类。

根据记忆内容的不同，记忆可以分为形象记忆、语词——逻辑记忆、情绪记忆和运动记忆。形象记忆是指以感知过的事物形象为内容的记忆，如旅游归来对所见事物的记忆、对听过歌曲的记忆或者对菜肴味道的记忆等都属于形象记忆。语词——逻辑记忆是指以概念、判断、推理等抽象思维为内容的记忆，因此也有研究者将其称为抽象记忆，如对数学公式、定理的记忆。情绪记忆是指以体验过的某种情绪为内容的记忆，如对以往获奖时的激动心情的记忆。以过去做过的运动或操作的动作、技巧为内容的记忆为运动记忆，如对游泳、舞蹈的记忆。

② 按记忆信息保持时间的不同分类。

记忆可以分为三种类型：瞬时记忆、短时记忆和长时记忆。

瞬时记忆也称为感觉记忆，一般瞬时记忆的保持时间为1秒，如果没有注意就会消失，如果注意到了之后，这些信息就会转入到人的短时记忆中。

短时记忆是指所获得的信息在头脑中保存0.5～18秒，最长不超过1分钟。一般成人的短时记忆容量大约为"7±2"个记忆单位，小学生的短时记忆容量要小于成人，经过复述就能转化为人的长时记忆。

长时记忆是指所获得的信息在头脑中保持1分钟以上，甚至终身不忘的记忆。长时记忆的容量非常大，目前还没有一个确定的范围。长时记忆在人类的日常生活中扮演着重要的角色，是人类积累知识经验的主要手段。

③ 按照感知器官不同分类，可以分为视觉记忆、听觉记忆、味觉记忆、嗅觉记忆、肤觉记忆，以及混合记忆。

④ 按照意识类型的不同分类，可以分为无意记忆和有意记忆。

（2）记忆问题与辅导。

一般来说，记忆力差的主要原因是方法问题，比如死记硬背，不考虑材料的性质、特征和内涵，机械地将文字符号挤到头脑里面，不仅速度慢，而且保持的效果也不好。还有对记过的内容不加以巩固，很快忘记，等于做无用功。这些技能上的障碍均会导致记忆力下降。在相关的学习指导中，要提醒学生注意从以下几个方面改进记忆策略：

① 加深对记忆内容的理解。

理解是记忆的先决条件，只有将新知识与原来学习过的内容联系起来，充分地理解了，才有利于提高记忆的速度和质量。死记硬背孤立的材料，效果差、易遗忘。

② 多感官协同记忆。

眼、耳、口、手都参与到记忆的活动中来，比单用眼看、用耳听、用嘴巴念效果要好得多，因为多感官参与，可以从不同的角度获取信息，使记忆更有效。

③ 尝试回忆。

这是一种卓见成效的记忆方法，即在初步记住的基础上脱离材料，在头脑当中尝试回忆刚刚记下的内容，这样不仅可以起到巩固记忆的作用，而且可以发现难识记的是哪一部分，下一步就可以缩小范围，有针对性地加强对这部分内容的掌握。相关研究表明，记忆过程中用60%的时间进行尝试回忆的效果最好。

④ 过度学习。

很多专家认为，在完全识记材料之后，再用原来一半的时间加以巩固，知识保持的效果最好，这就是过度学习。

⑤ 运用记忆策略。

有些窍门儿能够帮助学生大大提高自身的记忆力，可以酌情介绍给学生。比如谐音法，就是利用谐音把数字或字母转换成文字的谐音；比较法，将类似的内容放到一起，找出其中的异同来帮助记忆；口诀法，是将记忆材料编成歌谣或口诀来记忆；也可以将记忆的内容编制成图表等，这些都是有效的记忆策略。

3. 可替代活动

（1）模仿不走样（可以替代活动1）。

【辅导要点】

热身活动，以模仿多个动作的组之间竞赛的活动来活跃课堂气氛，导入活动课主题。

【活动内容】

① 每组派两名同学参加活动，全体参与活动的学生面向黑板站成一列，最后一位同学为"信使"，其他同学为观察员，要尽力记住正确的动作，并记住从哪位同学开始出现错误。

② "信使"回头认真观察教师给出的动作，记住动作顺序。

动作为：双手合十；右手做出剪刀手，剪左手；交叉抱肩；点头三下；双手胸前比出"心"形（教师可以根据需要自行调整动作）。

③ 教师只做一次示范，"信使"仔细看并记住所有的动作及顺序，拍前面同学的肩膀，前面同学回头看"信使"表演的一系列动作，记住动作顺序，然后向自己前面的同学演示，依次类推，直至队首。

④ 请"信使"同学演示全部动作；请观察活动的同学评判是否正确，从哪位同学开始出现错误。

⑤ 自由分享：请出错的同学回忆自己当时是如何理解前一个同学传递的动作，为什么会出错；请同学们想一想记忆可能受什么因素影响。

⑥ 教师总结；记忆力受很多因素的影响，比如注意力是否集中、环境是否存在干扰、对记忆内容的理解、记忆内容的性质（如动作、影像、文字、声音等）。

（2）我的收获（可以替代活动3）。

【辅导要点】

引导学生整理活动2中了解的记忆规律，总结记忆的基本方法，找到自己需要注意的角度。

【活动内容】

① 整理由活动2中发现的记忆规律和方法。

② 哪条记忆规律对自己来说是最有用的？

③ 在以后各科的学习中可以采用哪些记忆的方法？

④ 在小组内进行简单的交流与分享，互相提建议。

4. 活动记录单

记忆之旅

1. 身边的记忆
2. 短时记忆小检测
我的答案：
我的成绩：

3. 奇妙的想象
我的答案:
我的成绩:
我编的故事:

4. 我爱记单词
我的答案:
我的成绩:

我有妙招

我的记忆方法:

PSYCHOLOGICAL

DEVELOPMENT

LEARNING

一、活动目的

1. 通过"快乐传递"活动，活跃课堂气氛，了解彼此的快乐瞬间，导入活动课主题。

2. 通过"成长音阶"活动，引导学生认真思考自己的成长和变化，评价哪些变化是满意的哪些是不满意的。

3. 通过"我成长，我快乐"活动，引导学生建立积极的成长目标，正确看待自己的发展和变化，不骄傲也别灰心，充满自信地迎接青春期更大的转变。

二、活动准备

1. 依据场地条件和班级人数划分小组，每组6～8人，确定组长。

2. 印制活动记录单（见活动素材库）。

3. 每人1张制作成长卡的材料，可以是彩色贴纸，也可以是大小统一的其他纸张，32开以下。

4. 准备活动1使用的速递道具，用花束、小球等不易打碎的材质制作

"快乐道具"即可。

    5. 书写笔和彩色笔足量。

    6. 准备节奏明快的背景音乐。

三、活动过程

活动 1：快乐传递

【辅导要点】

通过音乐传接活动，交流自己的快乐感受，活跃课堂气氛，导入活动课主题。

【活动时间】

5分钟。

（建议指导语：快乐是很美好的感觉。如果能够将自己的快乐和别人分享，也能将快乐带给其他人，这节课的开始我们一起做一个"快乐传递"的小活动，看看有多少快乐能够传递出来。）

【活动内容】

（1）全体学生起立，原地调整位置，全班学生联结成一个不规则的圆圈。

（2）听音乐（也可以是老师的口令，或者鼓声）传递"快乐道具"，音乐停，道具在哪位同学的手中，哪位同学就迅速告诉大家什么时候自己感到快乐，后面的同学不能重复前面同学的答案。

（3）如果不能迅速说出答案的同学原地转三圈以示惩罚；如果"快乐道具"刚好在两个人手中则先后分享自己的快乐。

（4）自由分享：听到同学们分享的快乐，自己有什么感受（可以邀请无法说出快乐的学生分享原因）。

（5）教师总结。

【引导要点】

（1）快乐随处可见，关键是要有能够发现快乐的眼睛和体验到快乐的心。

（2）快乐不一定就是喜笑颜开，有时候会波澜不惊，有时候甚至会潜然泪下。

（3）快乐的感觉和表达越丰富，越说明我们长大了，快乐成长是宝贵的财富，导入活动课主题。

📑 活动 2：成长音阶

【辅导要点】

将自己从小学一年级到现在所发生的成长变化，以音阶的方式进行自我评价，引导学生认识到成长的道路上既有阳光也有风雨。

【活动时间】

15分钟。

（建议指导语：你还记得自己一年级的样子吗？那个小豆丁和现在的自己如果站在一起，你会有什么感觉呢？你对自己的哪些变化印象深刻，是否满意呢？我们进入"成长音阶"看一看吧！）

（注意：如果有多媒体设备，可以将学生一年级的照片呈现一部分，活动效果会更好。）

【活动内容】

（1）思考自己相比一年级时，有哪些变化，填写活动记录单的"成长音阶"。

（2）七个音阶从低到高代表你对自己的变化的评价，音阶越高，代表自己对这个变化越满意。

（3）小组交流自己的成长音阶，主要说一说最低和最高的音阶及原因；对伙伴的排列有疑惑的可以提问。

（4）班级分享：我们该如何看待成长过程中自己的变化（每个组推荐一名同学分享，在小组讨论时教师仔细观察，可以在发言前主动邀请有代表性的学生发言）？

（5）教师总结。

结合学生的分享进行总结和引导，言简意赅。

【引导要点】

（1）成长体现在生活中的方方面面，性格特点、兴趣爱好、能力才艺、身体形态、学习成绩、人际关系等都会有变化。

（2）成长在不经意间发生，一刻都不停息。

（3）每个孩子在成长的过程中都不会一帆风顺，有开心也有烦恼。

（4）改变不会都朝向自己期待的方向，有欣慰也会有不满，甚至遗憾。

（5）没有完美的生活也没有完美的人，只要清楚地了解自己，确定可能实现的成长目标，积极努力地去做，就会实现快乐成长。

📖 活动 3：我快乐，我成长

【辅导要点】

引导学生以积极的心态去看待成长，结合当下自己的实际确定正向的成长目标，激励学生乐观自信地迎接青春期更快更大的成长和变化。

【活动时间】

15分钟。

（建议指导语：回顾小学四年是不是觉得自己长大了好多？在今后的几年里大家将会成长得更快、变化更大，那就是汹涌而来的青春期。快乐是积极的状态，是健康成长的基础。）

【活动内容】

（1）发放材料，每个学生制作一张自己的"成长快乐卡"，卡片内容要明确写出2～3个自己需要加以改进的方面，也就是自己对成长的期待。

（2）用彩色笔进行简单装饰，组员间可以互相帮助。

（3）小组分享，每个组员都说一说自己的成长愿望，其他同学给予鼓励和建议。

（4）每组随机请2～3个同学分享自己的"成长快乐卡"。

（5）教师总结。

【引导要点】

（1）思考自己的成长愿望时可以参考其他同学分享的内容。

（2）成长期待越具体目标越明确，越容易找到实现的方法。

（3）每个人都可以在成长中不断完善自我，成为更优秀的人。

（4）快乐成长的快乐指的是积极心态，同学们年纪还小，未来还有太多的可能。

（5）无论将来自己的成长道路出现了什么变故，积极的态度，面对的勇气，果断的执行都是三大法宝。

活动 4：总结与延伸

【活动时间】

5分钟。

【活动内容】

（1）自由分享：说说自己对快乐成长的看法。

（2）课后延伸：完善自己的"成长快乐卡"，制作一期"我成长，我快乐"的主题粘贴班报。

四、活动素材库

1. 设计背景

引导和促进学生的成长是教育的重要目标，学生的成长任务与学习任务同等重要。小学四年级的学生即将进入青春期，身心快速发育会带来很多发展问题和适应问题，但是孩子们的思想尚未成熟，"成长"是个抽象的概念，很难像老师、家长一样有深刻的体会。如果学生能够切实地感受到自己的成长，会产生强烈的发展需要，因此引导学生以发展的眼光去看自己，以积极乐观的态度去迎接未来的挑战，是非常重要的辅导内容。

本堂课的目标是帮助学生切实地感受自己从进入小学以来在身体、心理、学习、社会生活、人际交往等各方面所发生的变化，体验自我成长，从而思考未来的自我发展方向，形成积极稳定的成长动力，促进自我实现均衡、可持续的发展与进步。

2. 理论支持

（1）自我体验。

自我体验是伴随自我认识而产生的内心体验，是自我意识在情感上的表现，即主体我对客体我所持有的一种态度，它反映了主体我的需要与客体我的现实之间的关系。客体我满足了主体我的要求，就会产生积极肯定的自我体验，即自我满足；反之，则会产生消极否定的自我体验，即自我责备。能否获得自我满足与个体的自我认知、自我评价和个体对社会规范、价值标准的认识有关。

自我体验的内容十分丰富，比如自尊心与自信心、成功感与失败感、自豪感与羞耻感等。在思考成长、分享成长的过程中，学生也在体验和评价自我成长的过程，让原本模糊的自我概念变得更加清晰，比如，有的学生平日并没有觉得自己的字迹有什么特别的，但是通过对比一年级和现在，发现自己的字更加漂亮了，并且意识到这与自己多年来坚持练字密不可分。学生不仅真实地感受到自己的成长，更增强了进一步发展的动力。

（2）自我实现。

自我实现是指个体的各种才能和潜能在适宜的社会环境中得以充分发挥，实现个人理想和抱负的过程。它亦指个体身心潜能得到充分发挥的境界。美国心理学家马斯洛认为，这是个体对追求未来最高成就的人格的倾向性，是人的最高层次的需要。

在马斯洛著名的"需要层次理论"中，人类需求像阶梯一样从低到高按层次分为五种，分别是：生理需求、安全需求、归属与爱的需求、尊重需求和自我实现需求。一般来说，某一层次的需要相对满足了，就会向高一层次发展，追求更高一层次的需要就成为驱使行为的动力。相应地，获得基本满足的需要就不再是一股激励的力量。

小学生在不断成长中越来越渴望得到身边同伴以及老师和家人的认可和尊重，这一成长需要的满足要学生真正找到自己的优势和闪光点，发现并认同自己努力的成果，这将成为推动学生积极发展和自我实现的巨大动力。

3. 可替代活动

（1）成长诗篇（可以替代活动2）。

【辅导要点】

回顾成长中的艰辛与快乐，以句子续写成诗的形式进行自我表达，并与伙伴分享，体验和认识成长是一个连续不断的过程。

【活动内容】

① 请同学们做完成句子作业，用词越有诗意越好。

婴儿时期的我：

幼儿时期的我：

刚上小学的我：

现在的我：

成长是：

② 小组内交流，选出最有特点的一份作业，参加班级分享。

③ 小组代表分享。

④ 自由讨论：成长是什么？

⑤ 教师总结（见课程设计中活动2引导要点）。

（2）家长来信（可以替代活动3）。

【辅导要点】

通过家长来信了解父母眼中自己四年来的变化，正向促进学生努力学习，勤奋刻苦，认识到积极主动的自我完善是获得美好未来的前提。

（注意：课前请每位家长给孩子写一封信，谈谈在父母眼中孩子小学四年来的变化，注意积极关注，多给予肯定和鼓励，并送上自己的祝福。）

【活动内容】

① 发放家长来信，每位同学阅读家长写给自己的信（只要是了解自己的亲人即可，不必须是父母）。

② 独立思考，小组交流，班内分享：你在这四年中有哪些变化？哪些变化是你自己没有察觉，家人却看在眼里的？家长对你有怎样的祝福？

③ 教师小结。

【引导要点】

① 家长对于不再是小孩子的你可能会严格要求，甚至会批评惩罚，但他们无时无刻不在用心关注并帮助你成长。

② 变化并非都是好的，也会有一些消极的因素。尽管自己没有发现，但父母、老师、同学们会看到，多与他们交流，你就会更全面地了解自己，从而更好地实现自我完善。

（3）成长慢镜头（可以替代活动2）。

【辅导要点】

以长镜头的形式由远及近回忆自己成长过程中的重要事件，评价自己的满意度，和小伙伴分享，认识成长的路上既有阳光也有风雨。

【活动内容】

① 简单填写自己从一年级到目前，成长经历中印象深刻的事情，3～4件。

② 以快乐值1～5进行评价，1是最低，5是最高。

③ 小组交流自己的感受和看法。

④ 小组讨论：应该如何看待成长才合理呢?

⑤ 组长代表发言，教师总结（见课程设计中相关内容）。

4. 活动记录单

成长音阶

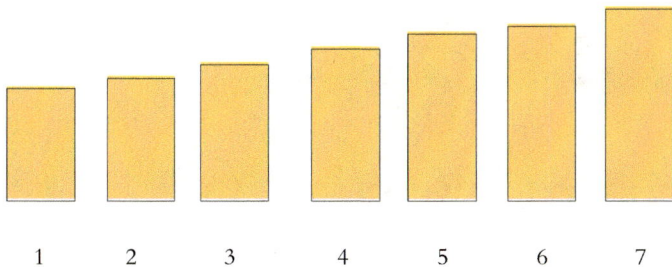

第22堂

选择与负责

生活适应

PSYCHOLOGICAL
DEVELOPMENT
LEARNING

一、活动目的

1. 通过"羊村小故事"活动，引发学生对"决定"的思考，引出活动课主题。

2. 通过"选择研讨会"活动，引导学生思考影响做决定的因素，帮助学生了解负责任的决定的内涵。

3. 通过"选择实践园"活动，帮助学生学习如何做负责任的决定，加深学生对选择与负责的理解，提升自行负责的意识。

二、活动准备

1. 班级学生划分为6个小组，每组人数和男女生比例均衡，确定组长。

2. 印制小组活动记录单（见活动素材库）。

3. 准备星星粘贴足量，也可以由其他彩贴代替，用于活动3的任务评价。

4. 书写笔足量。

三、活动过程

【辅导要点】

调整学生的身心状态，提高学习兴趣，引出活动课主题。

【活动时间】

8分钟。

（建议指导语："喜羊羊和灰太狼"是大家熟知的动画片，今天老师给大家讲一个羊村小故事，同学们一边认真听，一边还要完成一个特殊的任务。）

【活动内容】

（1）小组成员按照1～3的顺序循环报数，1号代表懒羊羊，2号代表美羊羊，3号代表灰太狼。

（2）记住自己对应的卡通动物角色，教师讲《羊村的故事》时，当学生听到自己代表的卡通动物时立刻拍手，小组成员相互监督，看一看哪些同学能够一直不出错。

（3）教师讲故事。

懒羊羊和美羊羊要去参加一个美食聚会，因为要完成村长的任务出来晚了，天都有点黑了。走到岔路口，懒羊羊和美羊羊出现了分歧。懒羊羊要走小路，虽然很少有人走，又比较偏僻，但是能尽快到美食聚会，可以吃到更多的食物。而美羊羊觉得，天都黑了，村长说大路安全，小路太危险，如果灰太狼在小路上埋伏，那就糟糕了，被灰太狼抓走可怎么办呀！两个人正说得热闹，这时灰太狼已经在小路的陷阱旁等着啦。懒羊羊说："美羊羊，你想得太多了，或许灰太狼不知道呢！走大路就迟到了，什么草堡堡、青草蛋糕、草花糖、青草巧克力就都没有了，你快点听我的，走吧！"懒羊羊边说边流下了口水。美羊羊听着也觉得挺有道理，最

心理班会课是这样设计的
218

后还是跟懒羊羊一起走了小路。而更高兴的就是灰太狼了，因为看起来他今天晚上会有美食了。

（注意：教师可以自编故事，最好围绕"选择"的主题展开。也可以将小故事排演成课堂短剧，引导学生分析剧情，猜测结果，引入课程主题）。

（4）统计各组没有出错的同学，掌声鼓励；随机采访出错的同学，分析出错的原因可能是什么。

（5）自由发言：你认为这段故事告诉了我们什么？

（6）教师总结。

【引导要点】

（1）听故事和完成角色拍手任务是注意的集中和分配，有的孩子听故事太聚精会神，可能忘记拍手；而准确完成拍手任务的同学，也许故事听得不够仔细；也有的同学两个任务都能很好地完成，这是注意力的差别。

（2）生活中充满了选择，每一种选择都会对应一种结果。

（3）做选择时要慎重，出现的结果要负责，导入课程主题。

📖 活动 2："选择"研讨会

【辅导要点】

通过小组讨论与教师总结，引发学生思考影响做决定的因素，帮助学生了解什么是负责任的决定。

【活动时间】

12分钟。

（建议指导语：每天我们都在做决定，一个小小的决定，可能都会对自己的生活学习甚至健康成长产生影响。有些决定很容易，有些决定很难做）。

【活动内容】

（1）针对"羊村小故事"进行小组讨论：

① 影响选择的因素有哪些？

② 什么样的决定才算是负责任的决定？

（2）组长记录和总结组员发言，参加班内分享。

（3）教师总结归纳。

【引导要点】

（1）影响选择的因素：相关信息，家人、老师、朋友和同学的意见。

（2）负责任的选择：

① 是健康和安全的决定，要考虑有经验的人的意见。

② 符合家庭的规则，符合学校规定，符合社会相关的法律法规。

③ 尊重他人和自己，坚持自己的看法，还要耐心做出解释。

④ 考虑到结果，并能够负责任，出现问题既要勇敢面对，也要及时求助。

（3）能够负责任地做出选择，是一个人良好品质的重要体现。

📑 活动 3：选择实践园

【辅导要点】

了解如何做负责任的决定，并运用所学知识尝试和坚持做负责任的决定。

【活动时间】

15分钟。

（建议指导语：大家认识到一个负责任的选择应该符合哪些要求，如何将这些知识运用到日常生活中呢？我们来进行一下模拟实践。）

【活动内容】

（1）组长抽签，在组长的带领下对所抽到的情境共同做出"负责任的选择"。

（2）"负责任的选择"符合下述要求：

① 是健康和安全的决定。

② 符合家庭规则、学校规定和社会规范。

③ 尊重他人和自己。

④ 考虑到结果，并能够负责任。

（3）情境材料：

① 周二的下午放学后，小明的朋友约他出去玩，可是小明的父母早就告诉过他，写完作业之后才能玩。小明的朋友给小明出了一个主意，让他跟父母说："老师没留作业。"小明该如何做决定呢？

② 小美的班上来了一位新同学悦悦，小美想要和悦悦成为朋友，可是小美原来最要好的朋友小萱却不想和悦悦成为朋友，因为小萱觉得新同学的加入可能会破坏自己和小美之间的关系。小美要如何做决定呢？

③ 又到周六了，这个周六大鹏特别纠结。大鹏每周六下午都要去补习英语，可是大鹏的好几个朋友都约好要到网吧一起打游戏，朋友们都劝大鹏不要去补习了，少去一次也没什么，要是怕被批评不告诉父母就得了。朋友们还说如果大鹏不去玩游戏就太扫兴了，大鹏该怎么办呢？

④ 雅欣一早来到教室正在预习今天课上要讲的知识，好朋友琳琳跑进教室后直奔雅欣而来，吵着要雅欣的作业，因为昨天的家庭聚会，琳琳早把作业抛到了脑后，刚进校门听同学说起才恍然大悟，课间就要交了，琳琳赶紧求助于雅欣，让她抄抄作业。雅欣该怎么办？

⑤ 不知道为什么，班里很多同学都不喜欢壮壮，可能是因为他太邋遢，也可能是因为他穿着过于朴实，总之好像大家都在孤立他。课间，壮壮有一道题不明白，于是求助于阿力，阿力这时该怎么办呢？

⑥ 倩倩和几个小伙伴约好一起去看电影，眼看时间就要到了，几个人焦急地快步走来。可是在过马路时红灯却亮起，刚好没有什么车，有的伙伴就提议赶紧直接过去就得了，倩倩该怎么办呢？

（4）组长将小组讨论结果记录在活动记录单上，逐一在班内发布。

（5）教师在黑板列出组别和每一组讨论的情境材料编号，每一个小组发布任务结果后即刻进行任务评价。

评价方法：对应"负责任的选择"四条基本要求，符合一条即获得一个星星粘贴；针对符合与否师生进行简短互动，对于有争议的部分可以贴上半颗星星。

（6）教师总结。

【引导要点】

（1）对各小组完成任务的情况进行简要点评，表扬认真积极完成任务的小组。

（2）选择与负责是生活和学习过程中的重要能力，不怕出错，怕不承认出错和不改正错误。

（3）很多选择难以推测结果，所以年纪还小，经验不够的孩子要重视有经验的人的意见。

（4）负责任的选择并非是指一定是正确的选择，而是认真思考后做出的决定，如果出现了意想不到的坏结果要勇敢承担责任，也要及时求助。

📄 活动4：结束与延伸

【活动时间】
5分钟。

【活动内容】

（1）自由分享：说一说自己在选择的时候常常出现的问题。

（2）课后延伸：针对"负责任的选择"的特点，想一想自己在做选择的时候容易出现的问题，思考改进的方法。

四、活动素材库

1. 设计背景

自我控制和独立性是人类个体从幼稚、依赖走向成熟、独立的标志。这两种能力的培养和发展对于个体形成良好的个性、适应社会的发展和进步极为重要。引导学生逐步走向独立，不单单指生活上、学习上，更需要锻炼的还有思想上的独立，以及在选择面前的决策能力。我们不但要尽可能地做出正确的选择，还要勇于承担选择的结果，这是个体社会适应能力的重要组成，必须从小培养和引导。

本堂课在如何做"负责任的选择"这一总目标下，通过多个活动引发学生对"选择"和"负责"进行深入思考，引导学生掌握做出明智选择的基本方法，并通过情境设定促进学生体验和掌握相关理念和方法，提升自身的决策力以及责任意识。

2. 理论支持

（1）决策与社会适应的相关研究。

① 相关研究表明，青少年的不良行为，与情绪紧张、自我控制低以及不良决策等社会适应不良有关。

肖崇好提出社会适应性行为应该既注意维系自我和谐，又维系人际和谐。自我导向者其社会行为只注意维系自我和谐，关注自己的需要、兴趣、情绪体验或利益，不注意维系人际和谐。他人导向者行为迎合他人的需要、兴趣、价值取向，注意人际和谐，而压抑自己的需要、兴趣、情绪等。

研究发现，自我导向者和他人导向者都不是良好的社会适应者，只有高自我监控的人才是良好的社会适应者。

② 独生子女的一些不良的个性特征如自我控制能力差、依赖性强，缺乏自我选择、自我决定的能力已表现得非常突出。

独立性指儿童不受他人影响、不依赖他人，根据自己的认识和信念，凭借自己的能力来完成某件事情的水平。国内外很多专家从各自不同的角度对自我控制提出了不同的见解。其中社会认知心理学家Kopp提出的自我控制的概念比较全面。他认为，自我控制是个体自主调节行为，使其与个人价值和社会期望相匹配的能力。它能引发或制止特定的行为，主要包括五个方面：抑制冲动行为、抵制诱惑、延缓满足、制订和完成行为计划、采取适应于社会情景的行为方式。

朱智贤从儿童个性发展角度研究，并依据控制对象的不同将自我控制分为对内在心理历程的控制和对外在行为方式的控制两个方面，如行为的自觉性和对动机的自我控制属于对内控制；而行为的坚持性、自制力、独立性及对情绪反应的控制属于对外控制范畴。

（2）负责任的决定和错误的决定。

负责任的决定：

① 是健康和安全的决定。

② 决定符合家庭的规则，符合学校规定，符合社会相关规则。

③ 尊重他人和自己。

④ 能负责任地做决定，是良好性格的体现。

错误的决定：

① 是有害和不安全的决定。

② 这种决定通常违反学校和社会的相关规则，也不遵守家庭的规则。

③ 错误的决定是不尊重自己和他人的决定。

④ 错误的决定体现不出好的性格。

（3）做负责任决定的四个步骤。

① 确定你有哪些选择。

② 运用指南来评价每个选择。

指南：它健康吗？它安全吗？它符合规则和法律吗？它能表明你尊重自己和他人吗？它符合家庭准则吗？它表现了你的良好性格吗？如果有一个或一个以上的回答是"不是"的，那么说明这个决定是不负责任的。

③ 确定负责任的决定（和父母或你信任的成人一起做出决定）。

在做有困难的决定时，可以向家人、教师或其他负责任的成人寻求帮助。告诉他们所有的事实，告诉他们你的想法。同时，问一问他们会怎样做，仔细倾听他们的看法，确保自己完全理解了他们的意思，然后做出负责任的决定。

④ 向对方解释你的决定。

如果是拒绝的选择，要看着对方用坚定的语气说"不"；提出说

"不"的理由；按你说的去做；如果有需要，向成人求助。

3. 可替代活动

（1）名人故事坊（可以替代活动1）。

【辅导要点】

通过名人故事引发学生对"做选择"进行思考，导入活动课主题。

【活动内容】

① 呈现故事。

美国前总统罗纳德·里根小的时候到一家制鞋店定做一双皮鞋，鞋匠问他是要方头的还是圆头的？年少的里根不知道哪种鞋子适合自己，一时答不上来。几天后，鞋匠碰到里根时又问他需要什么样的鞋子？里根仍然举棋不定。于是鞋匠对他说："我知道怎么做了，两天后来取。"等到里根去拿鞋子的时候，才发现一只鞋是方的，一只鞋是圆的。于是他纳闷地问鞋匠："怎么会这样？"鞋匠答："等了你几天都拿不定主意，当然就由我这个做鞋的来决定啦。"

② 自由发言：猜一猜之后里根会怎样。

③ 呈现故事结果：里根只好拿回那双鞋子，后来里根回忆这段往事说："从那以后，我认识到自己的事要靠自己拿主意，如果犹豫不决，等于把决定权让给了别人。一旦做出糟糕的决定，到时后悔的是自己。"

④ 自由发言：谈一谈你对这个故事的看法。

⑤ 教师总结，做出明确的选择很重要，明确课程主题。

（2）我的决定谁做主（可以替代活动2）。

【辅导要点】

组内交流分享彼此做过的选择及结果，讨论选择时的影响因素。

【活动内容】

① 回想一件做决定的印象较深的事例，如何决定，结果如何，可以

在活动记录单上进行简要记录。如果有的组员想不到，可以互相启发。

② 组内交流自己的事例，讨论做决定时会受到哪些因素的影响。

③ 组长进行班内分享。

④ 教师总结。

（3）负责的选择（可以替代活动3）。

【辅导要点】

组内确定有代表性的正确选择案例，参加班内分享，分析负责任的选择的特点。

【活动内容】

① 小组内确定一位同学作为发言人，大家认为其分享的事例完整，而且所做选择合理。

② 发言人班内交流自己的选择事例。

③ 小组讨论：依据各组分享的选择事例，分析什么是"负责任的选择"，组长进行记录，参加班内分享。

④ 组长发言，教师总结（总结要点见课程设计的相关内容）。

4. 活动记录单

"选择"研讨会

① 影响选择的因素有哪些?

② 什么样的决定才算是负责任的决定?

选择实践园

① 本组抽取的材料编号：

② 针对材料情境做出的负责任的选择是：

情绪与健康

情绪调节

PSYCHOLOGICAL

DEVELOPMENT

LEARNING

一、活动目标

1. 通过"科学实验室"活动，介绍相关心理学实验，导入活动课主题。

2. 通过"情绪播报员"活动，辅助学生体验多样的情绪状态，加深对情绪与身心健康关系的理解。

3. 通过"情绪探照灯"活动，引导学生认识情绪对身心健康的重要影响，强化学生对情绪调控的重视。

二、活动准备

1. 班级学生分4组，人数与男女生比例均衡，确定组长；桌椅尽可能靠向四周，教室中间预留活动空间。

2. 四个信封，分别装有活动2中播报的四种情绪状态的内容。

3. 印制小组活动记录单（见活动素材库）。

4. 准备空白简易头饰，白卡纸和橡皮筋组合即可，彩色笔足量。

三、活动过程

📖 活动1：科学实验室

【辅导要点】

介绍"两只小猴"实验，引导学生思考情绪与健康的关系，引出课程主题。

【活动时间】

5分钟。

（建议指导语：*心理学家为了研究人的心理规律，经常以小动物作为研究对象，有一个实验是研究小猴子的，老师讲给大家听听，看看你能不能猜到这个实验说明了什么。*）

【活动内容】

（1）实验再现。

科研人员将两只猴子同时关在笼子里，一只被固定住，不能动；一只可以在笼子里活动。实验者每隔20秒对猴子进行一次电击，电量很小，不会真的伤害小猴子，每次放电前5秒，笼里的红灯就会亮起。笼子里有一个开关，每当红灯亮起，只要按动开关就可以逃出笼子，能随意活动的小猴子很聪明，很快发现了这个开关。实验进行了一段时间后，有一只猴子生病了，会是哪一只呢？

（2）讨论与分享：请同学们猜一猜是哪一只猴子生病了，为什么？

（3）教师总结。

【引导要点】

（1）可活动的那只猴子最先生病，这与他长时间情绪紧张有关。

（2）人的情绪与健康状况有什么联系呢？是这堂班会课要讨论的主题。

活动 2：情绪播报员

【辅导要点】

通过情绪播报员体验多样的情绪状态，讨论不同的情绪状态下的不同感受。

【活动时间】

15分钟。

（建议指导语：生活中我们会体验到不同的情绪，不同的情绪体验会影响我们的身心状态，请同学们以情绪播报的方式体验一下，不同的情绪中我们的感受会怎样。）

【活动内容】

（1）四个小组长抽签选取各小组需要播报的情绪内容，以给定的台词加身体语言、表情动作的方式播报。

（2）各小组设计相应的情绪头饰，请3～4个同学进行即兴表演，尽量能够生动地表达出本组所抽取的情绪类型。

（3）材料内容：

① 我是乐乐，我有使不完的劲儿，我对任何事情都充满兴趣，我很热情，也很开朗，别人见到我也很开心。

② 我是怒怒，我经常为一点小事发脾气，有时我会气得吃不下饭，睡不好觉，有时我也忍不住要和别人吵架，甚至动拳头，我感到火焰在我胸膛燃烧。

③ 我是忧忧，我经常为一点小事不开心，我总觉得快乐离我很远，我怎么都高兴不起来，伤心的时候我什么都不想干，我好想哭呀。

④ 我是怕怕，很多事都会让我担心害怕，我害怕爸爸妈妈不理我，害怕老师批评我，害怕同学嘲笑我，我害怕考试、害怕上学、害怕一个人待在家里、害怕到陌生的地方，我好害怕呀。

（4）表演点评，选出表演最逼真的小组，给予鼓励和奖励；请每组一个参演代表谈谈自己的表演感受。

（注意：有的学生表演很投入，能够体验到相应情绪状态下的身心感受，要重点请这样的学生分享。）

（5）小组讨论：各小组成员针对本组抽取的情绪状态，分析在该情绪状态中会有什么感受，有可能带来什么影响，可以举例说明，组长做好记录。

（6）班内分享，组长代表发言。

（7）教师总结。

【引导要点】

（1）"喜怒哀惧"是四中最基本的情绪，生活中交织呈现，是我们一切活动的背景。

（2）经常出现什么样的情绪与性格特点有关，也和我们遇到的事情有关。

（3）不同情绪会有不同感受，也会给学习、工作、生活带来不一样的影响，积极情绪会有积极影响。

（4）情绪对于健康的影响非常值得我们关注，因为健康状态是一切活动的基础。

📖 活动 3.情绪探照灯

【辅导要点】

进一步认识积极情绪和消极情绪对身体和心理状态的影响，引起学生对情绪作用的充分关注，注重自身的情绪调节。

【活动时间】

15分钟。

（建议指导语：情绪对人的影响作用广泛而复杂，每种情绪状态都有其存在的意义，一方面要接受正常的情绪反应，一方面要调控不良的情绪。让我们发挥集体的智慧，利用"情绪探照灯"深入探讨一下情绪和身心健康的关联。）

【活动内容】

（1）各小组在活动记录单上的"情绪探照灯"栏目，完成本组在活动2中抽取的情绪类型的作用的讨论和记录。

（2）顺次向下一个小组传递本组的活动记录单，完成其他三种情绪作用的讨论和记录，直至四种情绪全部完成，本组的记录单回归。

（3）各小组依次汇报本组的"情绪探照灯"分析结果。

（4）教师总结。

结合学生的讨论结果进行总结和引导。

【引导要点】

（1）情绪与身心健康密不可分。

（2）适度的情绪反应有益于身心健康，不良的情绪损害身心健康。

（3）情绪的强度过高，消极情绪太频繁、太持久都是不良情绪。

（4）情绪对身心健康的影响：

① 愉快、适宜的情绪有益于个人的身心健康，比如促进智力发展，提高学习效率和各种能力，可以在考试和竞赛中保证发挥正常水平；容易获得良好的人际关系，被更多的人喜欢；增强身体的抵抗力，不容易生病；等等。

② 消极、不良的情绪会抑制人的能力发展，干扰学习和其他活动；降低自控力和学习、工作效率；影响人际关系；可能出现心理问题；免疫力下降，容易生病。

（5）每种情绪都有不可替代的作用，要注重把握情绪尺度，有意识地调整自己的情绪状态，促进身心健康发展。

📖 活动 4：总结与延伸

【活动时间】

5分钟。

【活动内容】

（1）自由发言：谈谈自己在本堂课中的收获。

（2）课后延伸：查找更多的有关情绪与健康的资料，梳理课堂学习的内容，制作一期以"情绪与健康"为主题的手抄报或者宣传板报。

四、活动素材库

1. 设计背景

情绪作为基本的心理活动之一，与个人的学习、人际关系和健康生活等方面息息相关。处于小学中段的学生情绪的稳定性不够，情绪变化快，对其身心发展产生重要影响，因此引导小学生思考和探索情绪与健康的关系，引导学生关注情绪健康非常重要。

小学中段学生的认知能力、自我认识和自我监控能力都有了很大的发展，可以引导学生深入思考一些情绪与生活和学习的关系，尤其是对健康的影响。从实际生活体验出发，关注情绪健康知识的学习和积累，提高主动调控的意识，促进身心发展。

本堂课通过多元互动活动引导学生思考情绪对自身的广泛影响，不同种类的情绪与健康之间的相关，鼓励学生正确认识情绪，有意识地调控情绪，培养积极乐观的情绪状态，实现自我健康成长。

2. 理论支持

（1）消极情绪的作用。

① 影响个性发展。长期生活在抑郁、忧郁或恐惧中的人性格容易古

怪，与人交往能力差，不受欢迎，不利于人格的完善与健全，影响人际关系的发展。

② 影响自我认识和评价。处于消极情绪时会降低对自我的评价，会做出"我总是失败的""我没有能力"这样的判断，影响自信心的树立。

③ 影响认知发展水平。消极情绪阻碍正常的思考和学习，过度紧张、恐惧、烦躁的情绪会阻碍问题解决的速度，长期处于焦虑紧张的情绪而不能进行适当的调节会形成"习得性无助"，逐渐失去解决问题的动力。

④ 影响身体健康。

心理学家认为，在一切对人不利的影响中，最能使人短命夭亡的，莫过于不好的情绪和恶劣的心境，消极情绪可使人的心理活动失去平衡，并能使机体产生一系列的生理变化，导致身心障碍，从而危害健康。

心、脑血管系统对情绪反应极为敏感。当人的情绪抑郁时，心率减慢，心博出量减少，血流速度减缓；当人处于情绪紧张时，呼吸急促，心跳加快，血压升高，交感神经处于兴奋状态，肾上腺素分泌增加，易发生心、脑血管疾病。对冠心病患者来说，可能造成心肌梗塞，或突然死亡。

消化系统的功能活动，也易受情绪的影响。人在焦虑、愤怒时，胃液的分泌量增加，胃的酸度和胃蛋白酶量增高，胃黏膜充血，容易形成溃疡。人在悲痛、恐惧时，胃黏膜变白，胃液分泌量减少，胃酸度下降，常导致消化不良。研究者也表明：情绪对癌症等疾病有着重要影响，呼吸系统、神经系统、内分泌系统、泌尿系统以及免疫系统的功能，均与情绪活动有关，不良情绪可引起这些系统的功能紊乱，导致疾病的发生。

（2）积极情绪的作用。

王登峰、张伯源提出的心理健康标准中对情绪部分有特别的发展要求：能协调与控制情绪，心境良好。心理健康的人愉快、乐观、开朗、满意等积极情绪总是占优势，当然也会有悲、忧、愁、怒等消极情绪体验，但一般不会长久；他们能适度地表达和控制自己的情绪，喜不狂、忧不伤、胜不骄、败不馁，谦而不卑，自尊自重，既不妄自尊大，也不退缩畏惧；对于无法得到的东西不过分追求，争取在社会允许范围内满足自己的各种需要；对于自己所能得到的一切都感到满意。

积极情绪能够提高脑力和体力劳动效率，使机体各部分处于高水平的协调一致，从而保持旺盛的生命力，激发学习兴趣，对生活和前途充满信心和希望。一个人如果具有良好的情趣和情感，就能激发生活的热情和责任心，从而产生美好的生活愿望，积极主动地去劳动、去创造、去发挥自己的聪明才智。同时，积极情绪可以增强抵抗疾病及治病的能力，不少得病的人，通过积极的情绪调节，发挥神奇作用，可以使某些疾病自愈。

（3）积极情绪有利于身体健康。

① 积极情绪能够降低传染性疾病的感染风险。

Marsland和Cohen等人（2006）研究了积极情绪与个体免疫抗体反应的直接关系。证实积极情绪得分高的被试存在着更高水平的乙肝病毒抗体反应；对于鼻病毒与流感病毒的研究结果也表明，积极情绪是通过增强个体免疫功能水平来降低个体对于病毒的易感性的。在研究当中，积极情绪得分高的个体往往存在着更高水平的免疫抗体反应。

② 积极情绪能够影响非传染性疾病病情、病程及死亡率。

积极情绪能够预测疾病的疼痛和症状水平。研究发现，这种作用可能是由于积极情绪能够增加病人的疼痛耐受性。积极情绪与原发性高血压、哮喘、风湿性关节炎等疾病也存在着一定程度的关系。相关研究表明，积极情绪不仅可以作为有效的预测因素，预示着较低的患病或发作的可能，还可以缓解病人的病痛程度。

3. 可替代活动

（1）好戏连台（可以替代活动1）。

【辅导要点】

通过动作表情传递情绪，练习情绪识别和情绪表达能力，活跃课堂气氛，导入活动课主题。

【活动内容】

① 全班分成四个小组，组长抽取一个喜，怒，哀，惧的情绪签，在同一个情景设定下设计对白。比如，设想同学不小心弄坏了自己心爱的笔，四种情绪状态下会有哪些相应的语言和行为表现。

② 每组请两个同学即兴表演，一人扮演被弄坏了笔的同学，为主角；一人扮演对方，对前者的情绪做出相应的反应，为配角。

③ 选出最佳表演奖。

④ 请四种情绪表演的主角分享不同情绪中自己的感受。

⑤ 自由发言：情绪会对我们产生哪些影响。

⑥ 教师总结，引入主题。

（2）情绪博览会（可以替代活动2）。

【辅导要点】

课前布置查找有关情绪与健康方面的知识，形成科学小论文，在课堂上分享和展示。

【活动内容】

① 小组分享自己的情绪科学小论文。

② 组内投票选出最佳小论文，作者参加班内分享。

③ 教师点评与总结。充分肯定主动学习的意识和能力，尤其是认真完成小论文的学生，简单总结情绪与健康的关系。

4. 活动记录单

情绪播报员

本组抽到的情绪是：

在这种情绪状态中会有什么感受：

有可能带来什么影响：

情绪探照灯

本组的情绪种类（　　）

	积极作用	消极作用
本 组		
（　　）组		
（　　）组		
（　　）组		

第24堂

花儿绽放

生命安全

PSYCHOLOGICAL
DEVELOPMENT
LEARNING

一、活动目的

1. 通过"双面胶"活动，放松身心，活跃课堂气氛，导入活动课主题。

2. 通过"悄悄长大"活动，体察自己青春期的生理变化和心理变化。

3. 通过"花儿绽放"活动，引导学生悦纳自己，增进对伙伴的了解和理解，在自我保护的同时互相帮助，共同迎接青春期的洗礼。

二、活动准备

1. 依据场地条件和班级人数分组，每组5～6人，男女生可以混合也可以分开分组；将桌椅进行马蹄形摆放，教室中间预留活动空间.。

2. 印制活动记录单（见活动素材库）。

3. 准备儿童歌曲《娃哈哈》。

4. 印制男生、女生的轮廓图，每组一张。

5. 书写笔和彩色笔足量。

三、活动过程

📖 活动1：双面胶

【辅导要点】

热身活动，活跃课堂气氛，导入课程主题。

▲▲▲▲▲▲ ▲▲▲▲▲▲ ▲▲▲▲▲▲

【活动时间】

8分钟。

【活动内容】

（1）活动规则：

① 学生在活动空间围成一个或者内外两个圆圈，跟随《娃哈哈》音乐边打节拍边顺时针转动，也可以编排简单的舞蹈动作。

② 音乐停止，发令员大声喊"双面胶"，其他同学则齐声问"粘什么？"发令员大声回答身体的某个部位，比如"粘肩膀"，则包括发令员在内的每个人必须迅速找到另外一个人，两个人的肩膀粘在一起。

③ 学生归队，音乐继续；音乐停止，发令员回答身体另一个部位，比如左手、右脚、膝盖、头等，注意每一次找到的粘结伙伴必须是不同的人。

④ 听到发令员喊"停"时依然没有找到伙伴的，算输。

（2）活动开始，教师担任发令员，控制活动时间。

（3）活动分享：说说自己的活动体验（请完成任务失败次数较多的学生分析原因）。

（4）教师总结。

【引导要点】

（1）指令结组活动很考验集中注意和反应速度，这两方面有个体差异，是客观原因。

（2）很多同学会顾及性别差异，更愿意找同性别的同学完成任务，是身心成长的原因。

（3）开放自我，和小伙伴一起开心的玩儿，可以获得很多快乐。

（4）背景音乐里唱到祖国是花园，同学们就是花儿朵朵，正在慢慢走进花儿绽放的年纪。导入活动课主题。

活动 2：悄悄长大

【辅导要点】

交流自己和他人身体和心理的变化，鼓励学生积极回答问题，科学认识青春期的生理和心理的特点。

【活动时间】

12分钟。

（建议指导语：长大总在不经意间，同学们从小芽长成小苗，逐渐枝繁叶茂，长出美丽的花苞。目前，花苞正在悄悄打开、绽放。人生的花期指的是青春期，之前也带领同学们做过一些讨论和学习。现在，很多同学已经开始进入青春前期，怎样保护自己的花蕾，怎样变得坚强，不畏风雨，是大家要认真思考的问题。）

【活动内容】

（1）每组发放一张男生与女生的轮廓图，组长负责记录，每个小组成员都要发言。

（2）在两个轮廓图的内部列出大家所了解的男生和女生青春期的心理变化。

（3）在两个轮廓图的外部列出大家所了解的男生和女生青春期的生理变化。

（4）对轮廓图可以进行简单装饰。

（5）班内展示：组长代表小组分享本组的作业（可以使用投影设备，或者轮廓图足够大）。

（6）评选出内容最具体丰富的作业，颁发小奖品。

（7）教师总结。

结合学生的发言进行总结，可以事先准备男生和女生青春期生理心理变化的幻灯片或者挂图。

【引导要点】

（1）肯定学生认真讨论，坦然呈现自己所了解的知识。

（2）简单介绍生理变化（可以结合生理结构挂图）：

① 身高、体重、肩宽、胸围都发生非常明显的变化。

② 肌肉与脂肪的变化，使男性肌肉强健，女性身体丰满。

③ 脑与神经系统逐步发育成熟。

④ 女性第二性征：乳房隆起、体毛出现、骨盆变宽和臀部变大等；男性第二性征主要表现为出现胡须、喉结突出和嗓音低沉、体毛明显等。

⑤ 生殖系统发育成熟，性腺的发育成熟使女性出现月经，男性发生遗精。

（3）简单介绍心理变化：

① 关注自己的外貌和形象。

② 在意别人的看法。

③ 更重视自己的能力和学习成绩。

④ 成人感和自尊心变强。

⑤ 独立性变强，社会活动多。

⑥ 希望肯定和赞赏，很讨厌批评和惩罚。

⑦ 关注异性（同龄人或长者，厌恶或者喜欢）。

⑧ 逆反的想法和行为。

⑨ 情绪容易波动。

⑩ 有自己的秘密。

活动 3：花儿绽放

【辅导要点】

讨论和交流青春期容易出现的生理和心理的困扰，互相理解和帮助，实现健康成长。

【活动时间】

15分钟。

（建议指导语：青春之花刚刚绽放，花瓣还很稚嫩，需要营养和爱护才能够不断健壮，长久盛放。你希望自己的青春之花开得怎样呢？如何才能实现自己的愿望呢？）

【活动内容】

（1）请每个同学在活动记录单的"花儿朵朵"栏目中填写相关内容。

花心写上自己的愿望，比如"健康"；花盆中写上如何才能做到"健康"。

（2）组内交流：逐一向大家介绍自己的愿望和如何才能实现。

（3）班级分享，组长介绍本组同学的愿望主要有哪些。

（4）小组讨论：结合刚才的交流分享，分析青春期可能出现的困扰，以及应对的方法（阻碍愿望实现的因素即为可能出现的困扰，如何才能实现愿望即应对困扰的方法）。

（5）班内交流，组长可以指定一位组员作为代表参加交流。

（6）教师总结。

结合学生发言进行简单总结和引导。

【引导要点】

（1）青春期是发展非常迅速的时期，遇到困扰甚至出现问题都很正常，关键是要勇敢面对，寻求帮助，合理应对。

（2）要掌握生理卫生常识，比如女孩儿月经期不吃冷的食物，注意休息；男孩儿变声期不要大声叫喊；性器官发育过程中要注意安全保护，不能乱开玩笑；等等。

（3）整个青春期中异性交往和情感问题比较普遍，要注意理性面对和自我保护。

（4）有的孩子可能出现性心理问题，比如过度关注异性，喜欢或者厌恶都会分神，或者影响人际关系，要及时向老师和家长请教。

（5）不单对自身，对异性的生理变化也会感兴趣，要以正常途径获得，不要看不健康的书和视频。

（6）关注学习和能力培养，尊严是靠自己努力获得的。

（7）青春期发育有早有晚，大概需要6年左右才能完成，同学之间要相互帮助和理解，不要耻笑更不能伤害。

（8）出现问题，及时求助。

📖 活动4：结束与延伸

【活动时间】

5分钟。

【活动内容】

（1）自由发言：就本课活动内容发表自己的感想。

（2）课后延伸：思考关于青春期的性生理和性心理知识，还有哪些是自己想了解却不了解的，制作成问题题签，可以不记名，放到问题收纳盒中，老师会给予解答。

四、活动素材库

1. 设计背景

性教育是家庭教育、学校教育和社会教育中的一项重要内容，科学的性教育不仅对受教育者个人，而且对于家庭和社会的健康发展都有着积极的促进作用。小学四年级，部分学生已经开始进入青春期前期，之后的1~2年，绝大多数孩子也渐次开始青春发育，第二性征的快速出现，心理世界的动荡不安，对每个孩子而言都是考验，提前进行相关的引导和干预，是预防问题出现的最佳举措。

本堂课通过互动活动，引导学生就青春期的具体变化、可能存在的问题以及如何才能实现健康成长的目标，进行多角度讨论和交流。教师适时适度进行辅导和引领，以轻松、自然、严谨的态度去探讨青春期性生理、心理变化，以及如何健康长大，对提升孩子青春期发展的安全性大有裨益。

2. 理论支持

（1）青春期性教育的意义。

在联合国教科文组织提供的《性教育与艾滋病预防教师手册》中明确指出：性教育是家庭教育、学校教育和社会教育中的一项内容，是关于人的心理、社会发展的一项研究和教学，它不仅向受教育者传授有关人的性器官和性功能的生理知识，还向受教育者介绍社会文化所认可的性道德规范和社会价值标准，以及与性有关的法律规范，还包括各种良好的卫生习惯教育。科学的性教育不仅对受教育者个人，而且对于家庭和社会的健康发展都起到积极的促进作用。

性教育是传授性生理、性心理、性伦理道德等科学知识，培养健康人格，塑造正确的性角色的教育，是健康教育的重要组成部分，对一个人的成长起着动力、导向和保证作用。人的生命是道德的载体，而性是生命的来源，要改进道德教育，性教育是一个重要方面，教育之"育"应该以了解性、学会爱和尊重为重要基础。

（2）青春期的基本特征。

发展心理学认为：青春期的基本特征是生理和心理的发育趋向成熟，具体表现在以下几个方面：

① 自我意识迅速发展。

如果说人在小学时期的自我意识主要是借助于成人的评价而意识到自己的存在的话，那么在青春期阶段的自我意识已开始独立地把"自我"作为思考对象。但也应该看到这种自我意识的发展很不成熟，往往因带有主观色彩而表现出幼稚性、片面性。

② 独立性和成人感增强。

由于自我意识的迅速发展，学生的独立性和成人感开始显露出来。

他们要摆脱对成人的依赖，渴望得到别人的尊重，希望自己独立自主地处理各种问题。这些心理要求一旦受到外界的阻碍，便会本能地产生一种抵触情绪，并诱发"逆反心理"的产生。

③ 出现闭锁心理。

进入青春期后，身体上的突然变化特别是第二性征的出现，给青春期带来神秘感。学生虽然知道其中的奥秘，但出于自尊又不向别人请教，同时随着与外界交往的日益增多和内心体验的不断敏锐，他们开始有了自己的秘密，轻易不肯向人吐露。这种"闭锁心理"的出现，说明学生的心理发展已有了质的飞跃。但不可忽视的是，这种"闭锁"也容易造成心理"疙瘩"，若这种"疙瘩"越积越多而又不能及时解开，会使青少年背上心理包袱，妨碍他们的健康成长。

④ 性意识开始萌发。

随着性机能的迅速发育和逐步成熟，学生的性意识开始萌发。他们渴望了解性知识，渴望与异性交往，部分学生可能开始恋爱，但由于他们缺乏正确的性意识和性道德，所以部分处于青春前期阶段的青少年在这个问题上出现过错，甚至产生严重后果。

（3）青春期常见的性心理困扰。

进入青春期后，青少年的身体发育加快，第二性征明显，性意识开始觉醒。孩子还没有形成对性的正确认识，所以他们的性意识活动通常表现为被异性吸引，渴望了解异性知识，常常想到性问题、性幻想以及做性梦，等等。

青少年产生的性心理问题大多数属于可调节问题，如不及时调节，严重的就会发展成各种性心理障碍或疾病，影响身心健康。

① 性认知偏差。

性认知的偏差主要是对性及相关问题的认识缺乏系统的科学知识，从而产生一些错误的认识和不科学的观念，影响个人自身的生长发育和身心健康，也影响人的自我完善和成长进步，严重的则影响一生的健康和幸福。主要原因是孩子缺乏适当的性知识来源，对于性困惑无所适从，不知道如何进行讨论和交流。

② 性意识困扰。

多数孩子进入青春期后能恰当地应对性意识活动，少数可能出现性意识困扰，产生焦虑、急躁、心神不安、郁郁寡欢、自责懊悔等不良情绪。比如过多关注异性而注意力不集中，或是不敢与异性交往，影响自己的学习和生活，严重的会导致心理障碍。

进入青春期的男女两性相互产生好奇、倾慕、吸引甚至爱恋，出现性幻想、性冲动，这些都是青春期心理的正常反应，并不是不纯洁、不道德或可耻的行为，需要引导孩子们正确看待。

③ 性幻想困惑。

对进入青春期孩子来说，性幻想是正常的性生理和性心理现象，可由此获得一定的性满足。青春期是心理发展变化的剧烈动荡期，也是人生发展的黄金期。虽然性幻想是正常的，但是决不能沉湎其中。培养广泛的生活情趣，多参加各种有益的社交文体活动，把精力投入到正常的学习生活中去。提醒孩子不要接触黄色淫秽书刊，不要浏览黄色网站。

3. 可替代活动

（1）趣味PK赛（可以替代活动1）。

【辅导要点】

以男生、女生分组，进行特质比较趣味竞赛，观察性别差异，活跃课堂气氛，导入课程主题。

【活动内容】

① 男生、女生各划分为三个小组，每个小组派出两名队员，组成男生队、女生队。

② 教师事先制作PK题签，放到抽签盒里。

PK题参考：

比长：比手臂、比上衣、比头发；

比短：比手、比裤子、比裙子；

比高：比声调、比蹦起来的高度；

比大：比眼睛、比手掌、比力气；

比多：比衣服的颜色，比扣子。

③ 男生、女生队的选手排好序号，依次参加PK赛，参赛的两个学生猜拳，赢的抽题签；按照题签内容进行PK，赢的记2分，输的记0分，平局各记1分（注意：如果抽到"裙子"，男生没有，则算平局）。

④ 计算每次比完后的输赢，总分高的队获胜，得到小奖品。

⑤ 自由分享活动感受。

⑥ 教师总结。趣味PK是有趣的小活动，结果并不重要；男生和女生各有特点，随着青春期的到来，特点会越来越鲜明；进入活动课主题。

（2）做自己的园丁（可以替代活动3）。

【辅导要点】

讨论青春期已经和可能出现的困扰和问题，以及应对和预防问题的有效方法。

【活动内容】

① 独立思考：青春之花绽放需要充足的营养，并且防止病虫害，作为园丁，应该完成哪些工作。

② 小组交流，每组选派一个记录员，从"营养"和"防虫"两个角度进行总结。

③ 班内交流：小组记录员发布本组讨论结果。

④ 教师总结（参考课程设计活动3引导要点的内容）。

4. 活动记录单
悄悄长大

男生　　　　　　　　　女生

花儿绽放

青春期困扰　　　　　　应对的方法

参考文献

[1] 边玉芳.中小学心理健康教育：心理[M].上海：华东师范大学出版社，2004

[2] 白景瑞，应湘，王少华.积极情绪的研究现状初探与展望[J].社会心理科学，2010

[3] 陈晶晶.运用网络电视媒体提高小学生学习兴趣的研究[D].东北师范大学，2010

[4] 陈琦，刘儒德.当代教育心理学[M].北京：北京师范大学出版社，2007

[5] 曹文培.学习方法与辅导[M].北京：国家行政学院出版社，2013

[6] 曹雪梅.小学心理活动课设计与实施[M].北京：清华大学出版社，2013

[7] 曹梅静，王玲.中小学心理健康教育课设计[M].广州：广东高等教育出版社，2004

[8] [英]黛博拉·M.普拉默.儿童注意力训练游戏[M].刘海军译.南京：南京师范大学出版社，2015

[9] 董妍，王琦.积极情绪与身心健康关系研究的进展[J].心理科学，2012

[10] 董莉，周少贤.心理健康教育指导(人际篇)[M].北京：科学出版社，2012

[11] 傅洁.小学三年级学生记忆力和学业成绩的关系研究[D].华东师范大学，2010

[12] 宫海燕，王丽，田文.试试这样教育孩子[M].北京：国家行政学院出版社，2013

[13] 高晶，马艳萍.3、4年级小学生的独立性和自我控制关系研究[J].沙洋师范高等专科学校学报，2008（6）

[14] 郭颖.学校心理健康教育中快乐情绪培养[J].现代教育科学，2008

[15] 何佳.小学生学习兴趣调查与研究[J].社会心理科学，2013（10）

[16] 黄天中，吴先红.生涯规划——体验式学习[M].北京：北京师范大学出版社，2011

[17] 胡萍.成长与性(下)[M].北京：科学出版社，2008

[18] 郝振君，苏亮亮.小学生感恩教育研究综述[J].现代教育科学：普教研究，2015（8）：74-76

[19] 林振海.心理学在制定学习计划中的应用[J].韩山师专学报，1993（9）

[20] 林崇德.发展心理学[M].北京：人民教育出版社，2009

[21] 李慕楠.学生青春期心理教育[M].沈阳：辽海出版社，2011

[22] 李金珍，王文忠，施建农.积极心理学:一种新的研究方向[J].心理科学进展，2003

[23] 刘洋.小学教科书中的理财内容研究——以人教版和青岛版为例[D].聊城大学，2014

[24] 刘群，刘博.积极情绪研究综述与展望[J].新西部(下旬.理论版)，2011

[25] 罗家永.心理拓展游戏270例[M].福州：福建教育出版社，2014

[26] [美]琳达·米克斯，菲利普·海特.健康与幸福[M].罗晓路译.杭州：浙江出版联合集团/浙江教育出版社，2012

[27] [美]劳伦斯·斯坦伯格.青少年心理学[M].梁君英，董策，王宇译.北京：机械工业出版社，2015

[28] 李文萍.小学生感恩行为现状与培养策略的研究——以广州市越秀区海珠中路小学为例[J].教育导刊月刊，2012（10）：58-61

[29] 马晓年，贾孟春.性生理[M].北京：科学出版社，2003

[30] 苗元江，余嘉元.积极心理学：理念与行动[J].南京师大学报（社会科学版），2003

[31] 潘秀玲.小学生人际交往的心理辅导策略[J].教学与管理：小学版，2006（26）：15-17

[32] 齐华勇.我国中小学健康教育课程目标内容体系的探究及建构[D].湖

南师范大学，2005

[33] 沈利拉.小学生要注重合作意识的培养[J].新课程学习：基础教育，2010（12）：159-159

[34] [美]塞利格曼.认识自己，接纳自己[M].任俊译.沈阳：万卷出版社，2010

[35] 史克学.小学生人际交往研究述评[J].太原师范专科学校学报，2001（1）

[36] 陶志琼.关于感恩教育的几个问题的探讨[J].教育科学，2004，20（4）：9-12

[37] 童成寿.国内外关于自我控制理论的研究[J].安康学院学报，2007，19（4）

[38] 特雷西.中国第一套儿童情绪管理图画书 我不愿悲伤[M].萧萍译.广州：广州出版社，2007

[39] 特雷西.中国第一套儿童情绪管理图画书 我不想生气[M].萧萍译.广州：广州出版社，2007

[40] 歪歪兔关键期早教项目组（吉葡乐文，张文绮图）.做最富足的自己（歪歪兔财商教育童话）[M].北京：海豚出版社，2015

[41] 万翼，郭斯萍.小学生心理健康教育[M].南昌：江西高校出版社，2010

[42] 万丽佳.高中生地理个性化学习计划指导研究[D].华中师范大学，2014

[43] 王柏棣.个体理想形成过程研究[D].东北师范大学，2012

[44] 王敬云.小学生记忆方式对学习判断的影响研究[D].辽宁师范大学，2013

[45] 王东.中小学生诚信观特点的实证研究[J].鞍山师范学院学报，2011，13（5）：83-85

[46] 王律言.小学感恩教育实践研究[D].上海师范大学，2012

[47] 王鑫.人际交往诚信问题研究[D].华东师范大学，2014

[48] 王真.小学团体心理辅导主题方案[M].北京：蓝天出版社，2013

[49] 吴增强.学习心理学[M].上海：上海教育出版社，2012

[50] 咸奎汀.最亲切的情绪课[M].青岛：青岛出版社，2014

[51] 肖崇好.自我监控对青少年不良行为的影响[J].中国健康心理学杂志，2012，20（11）

[52] 杨秀萍，吴群英，张玫玫.性生理学[M].北京：首都师范大学出版社，1998

[53] 杨丽珠，董光恒.积极情绪和消极情绪的大脑反应差异研究综述[J].心理与行为研究，2007

[54] 颜苏勤.团体心理辅导主题活动方案[M].北京:高等教育出版社，2015

[55] 于浩晨.小学生自我意识训练方法[M].长春:吉林人民出版社，2012

[56] 张付山，陈燕.班级体验式心理拓展活动100例[M].济南：山东文艺出版社，2014

[57] 张嫦.团体心理辅导活动设计[M].天津：天津教育出版社，2011

[58] 张勉.班级管理中小学生合作能力的培养研究[D].南京师范大学，2005

[59] 张桂权.感恩意识与感恩教育[J].当代教育论坛，2006（1）：30-33

[60] 张金平.学会学习[M].北京：光明日报出版社，2011

[61] 张艳霞.小学生学习兴趣现状调查研究[D].河北师范大学，2012

[62] 张延晶.高中物理学困生记忆力提升策略研究[D].河北师范大学，2016

[63] 张友源.左脑情绪管理，右脑压力管理[M].北京：中国财富出版社，2012

[64] 赵石屏.心理健康教育与情绪发展[J].重庆师院学报哲社版，2001

[65] 赵兴云.小学生诚信教育的路径选择[J].现代中小学教育，2010（10）